No.1為替ディーラーが伝授する

インターバンク流 FX デイトレ教本

The Misfortune of Others is Taste of Honey

小林芳彦［著］
Kobayashi Yoshihiko

日本実業出版社

はじめに

デイトレードでは、毎日新たにポジションを建てて、その日のうちに利食いか損切りを行なう。だとすれば、毎日、朝の時点で「今日は売りか買いか」と「今日の値動きで想定する高値と安値はどの程度か」という相場見通しがわかっていれば、トレードは非常に容易となる。

現在私は、ＪＦＸというＦＸ会社の社長として経営にあたる一方、毎朝、そうしたその日の相場見通しを当社に口座を開設していただいている顧客に向けて発表している。

やっていることは、これまでにいくつかの外資系銀行において、インターバンクのカスタマーディーラーとして法人顧客に対して行なっていたことと同じである。

まずはチャートを調べてレンジを把握したら、次は政策当局者の発言と経済指標もチェックする。要は、なぜレートが動いたのかという原因を探っていくわけだ。

経済指標で動いたのか、発言で動いたのか、あるいはマーケットのポジションの傾きで動いたのか、ここを見極めるためである。このなかで、私が得意としているのは「マーケットのポジションの傾き」から相場を予測することである。

「ポジションの傾きで動く」というのは、あまり聞きなれない言葉かもしれないが、たとえば誰かが買っていたものを損切りのためにポジションを投げたから動いた、といったケースを想像するとよい。

外国為替市場の参加者には、実需筋と投機筋がいる。実需筋というのは事業会社であり、日本の場合、輸出は外貨の売り、輸入は外貨の買いとなって、基本的に差益を狙ったトレードはしないものだ。したがって、買い過ぎたり売り過ぎたりすることはない。

一方、投機筋というのは金融機関やファンドであり、実需のカバーを除けばすべてが差益を狙うためのトレードだから、言ってみれば、買わなくても良いところを買っていたり、売らなくても良いところを売っていたりする。したがって、つくられたポジションは将来、必ず反対売買をしなければならない。これが「マーケットのポジションが傾く」ということだ。

たとえば、トレンドはドル売りであり、投機筋の多くが売ってしまったとしよう。

マーケットはショートに傾いているということだ。だとすれば、いずれは買い戻さなければならないショートの玉が残っているから、ここから大きく下げることはないと考えることができるし、逆に相場が上がっていったら、損切りのために買い戻しの動きが出てくると考えることができる。

そのイメージを前提にすれば、大きなトレンドは売りだったとしても、「前日につくったショートポジションがまだゾンビのように生きているから、自分がデイトレを行なう当日は、どこのレベルを超えたときにその損切りが出てくるのか」ということを考えておくことが大切だとわかる。

短期の相場とはそのようなものであるから、相場予測においては、常に相場参加者の気持ちを考えながら、その動きを見ることが大切である。自分がショートでエントリーしたら、すぐにロングのポジションをもっている市場参加者の気持ちになって、相場の動きを見なければならないということだ。

相手の気持ちになると、自分のポジションだけを考えていたらわからないような相場のポイントが見えてくる。

たとえばドルをショートにする。当然、その反対側にはドルをロングにしている市場参加者がいる。そのままドル安が進んだ場合、自分のポジションだけを見ていると、どこで利食うかについて、何となく自分が満足したところ、相場のキリのいいところ…といった視点から考えることだろう。

しかし、ロングポジションをもっている市場参加者の心理を考えてみると、相場のキリのいいところは、彼らが苦しくなって損切る寸前のポイントであることに気づく。さらにドル安が進んだらどうなるか。彼らはきっと我慢できなくなってポジションを投げてくる。その時点で相場は大きく下げて、最高の利食いポイントとなる。

一般の社会常識からすれば、「他人の不幸は蜜の味」などというのは顰蹙《ひんしゅく》を買う所作であろう。しかし、トレードに関していえば、まさに「他人に不幸は蜜の味」としていかなければならない。自分とは反対のポジションを取っている参加者が窮地に追い込まれれば追い込まれるほど、自分の利益は大きく伸びるからだ。

相場がいちばん大きく動くのは、損切りの動きに拍車がかかったときだ。売り手の損切りは、買い手にとって大きく利益を伸ばすチャンスになり、買い手の損切りは売り手にとって大きく利益を伸ばすチャンスとなる。まさに「他人の損切りは蜜の味」なのである。

究極をいえば、すべてのデイトレードにおいて、自らのポジションは、他人の損切りにぶつけながら利食いしていきたい。インターバンクで大きな利益を狙うディーラーはみな、そういう風に考えている。

本書においては、そうしたデイトレードに関するプロの作法や、私が日々行なっている相場予測の手法について解説していく。一般的なＦＸの入門書とはやや異なったアプローチであるが、説明の仕方については、初心者にもよくわかるようにやさしく書くことを心掛けたので、ぜひとも手にとって、参考にしていただきたい。

読者のみなさんがこの本を使い、ＦＸデイトレードで利益を上げることにつなげてもらえれば、これに勝る喜びはない。

小林芳彦

二〇一二年二月

第1章

はじめに

インターバンクの「為替取引の常識」

短期トレードではどの通貨ペアを売買するか？……052

第2章 デイトレードにおけるプロの流儀

Contents

第3章

これがNo.1ディーラーの相場予測法だ

Contents

第4章

売買テクニックよりも大事な資金管理術

Contents

カバー写真／村越将浩
イラストレーション／髙木一夫
装丁・ＤＴＰ／村上顕一

第1章 The Misfortune of Others is Taste of Honey

インターバンクの「為替取引の常識」

「ベストディーラー」に選ばれる

プロが読者の『ユーロマネー』誌

少し自慢話になってしまうが、『ユーロマネー日本語版』という金融専門誌が、1年に1回発表する為替関係者のランキングで、いくつかの賞を連続していただいたことがある。


「日本のディーラー・ベストセールス部門6年連続1位」

「短期為替予測部門5年連続1位」

というのがそれだ。

『ユーロマネー』というのは、一般の方はあまりご存知ないかもしれないが、1969年創刊の世界有数の国際金融専門誌で、読者は機関投資家や金融機関を中心に国際金融取引に関わる専門家たちが中心だ。その日本語版が1986年から発行されているのだが、こちらも機関投資家やインターバンク（銀行間取引）に関わる金融機関、事業法人の財務担当責任者や金融専門の法律事務所、会計コンサルティング企業など、金融のプロフェッショナルのための専門誌となっている。

ディーラーの「ベストセールス」といっても、おそらく読者の方はあまりピンと来ないかもしれないので、少し説明しておこう。

インターバンクディーラーを形態別に分けると、まずは顧客取引を扱うカスタマーディーラーと、自己ポジションで裁量取引を行なうディーラーに分けられる。自己ポジションで裁量取引を行なうディーラーはさらに、デイトレ中心で、大規模な金額をごく短時間のあいだでとにかく売ったり買ったりしながら為替売買益を狙うボードディーラーと、比較的中・長期のポジションをもって日々の多少の相場のブレは気にしないポジションテイカーの2種類がある。

私がいただいた賞は、このうち前者のカスタマーディーラーに対して与えられる賞だ。カスタマーディーラーとは文字どおり、カスタマー（顧客）を相手に為替取引のセールスを行ない、そこから手数料を銀行に落としてもらうことを仕事としているディーラーのことである。

外国為替市場には大勢の投資家が取引に参加している。FXを通じて売買に参加している個人投資家もその一つだが、私が銀行時代にセールスとして取引させていただいたのは、日本の商社、生損保、証券会社、メーカーなどが中心だった。いずれも、日常の業務を行なっていくうえで為替取引を必要としている人たちで、そういう人たちを少しでも多く取引先として新規開拓し、かつ所属する銀行を通じて為替取引してもらうことが、私の仕事だった。

当時の銀行の手数料は1ドル当たり1銭だから、100万ドル取引してもらってちょうど1万円だった。したがって、手数料を増やそうと思ったら、取引のボリュームを増やさないといけない。協和銀行から移籍したクレディ・スイスでは、そもそもディーリングルームを一から立ち上げるのに近いような状態だったため、為替取引のセールスも、ドブ板を踏むような営業をしたものだ。

それぞれの顧客には、当然のことながら数十という銀行が取引を求めて訪問してくるので、事前にアポを入れて訪問しようと思っても、新参者はアポ入れの段階で丁重に断られるのが普通だ。

したがって、営業活動としてはまず、アポなしの突然訪問を行なうことから始めることとなる。窓口に赴いて自分の名前を告げても、最初はなかなか担当部署に取り次いでもらえない。

それでも、そこで懲りずに何度も足を運んで、受付に名刺を渡して帰る。置いてきた名刺の枚数が20枚、30枚というように溜ってくると、ようやくそこで初めて先方の担当者が、「とりあえず一度会ってみるか」という気持ちになってくれる。

もちろん、会ってもらうことができたからといって、その場でいきなり取引がスタートするはずもない。したがってまずは毎日、相場の見通しをファックス（当時はまだインターネットという通信手段がなかった）で送信させてもらうということから始める。なかには、そうしたファックス送信を始めてから3年後に、ようやく取引をスタートしてもらった先もあるくらい、顧客になってもらうには時間がかかることもあるのだが、とにもかくにも、こうして着実に顧客の数を増やしていった結果、前述した『ユーロマネー』の「日本のディーラー・ベストセールス部門6年連続1位」につながったわけだ。

「予測が当たる」ことが、顧客を増やす決め手

おそらく多くの人は、「どうしてセールスマンなのに、短期為替予測部門でも5年連続して1位を取っているの？」と思うかもしれない。

為替予測をする人というと、いわゆるエコノミストやストラテジスト、あるいは中長期のポジションをもつポジションテイカーなどをイメージするのではないかと思うが、実はカスタマーディーラーのセールスにおいても、その基本は「相場見通しをしっかり語る」ことなのである。

何しろ、客先には数十社の銀行のセールス担当者が、そこから注文を得ようと思って訪問や電話を繰り返しているのだ。インターバンク取引における為替レートは取引する銀行によって大きな差が生じるということもないし、手数料も同じだから、そこで他社との差別化を図ることはむずかしい。となれば、あとはどういう情報をもたらしながら付き合っていくかによって、顧客から取引先として選ばれるかどうかが決まってくる。

「情報をもたらす」といっても、メディアによるニュースがいくらでもとれる時代であるから、いわゆる経済情報の類で差をつけることはできない。ではどうやって差をつけるのかといえば、いちばん大切なことは、「相場の見通しを伝える」ことだ。そして、それが「当たる」ということによって信頼を積み上げていくしかない。そのうちに、私の見通しに沿った取引をしてもらえるようになれば、顧客が儲けると同時に、銀行も受け取る手数料を増やすことができる。これがお互いにハッピーになり、いい関係を続けていくことができる唯一の方法なのだ。

要は、いかにして「その日に勝てるストラテジー」を顧客に伝えるか、である。

それはすなわち、どういう理由によりどういうポジションをとるべきかであり、あるいはポジションをとってもらった後で、反転するかもしれないから利食ったほうがいいといった情報を伝えてフォローしていくことであり、さらには、朝とってもらったポジションが負けている場合には、ひっくり返してうまくリカバリーショットを打つアイデアを伝えることである。

そういうことを繰り返しているうちに、「こいつの相場は当たる」ということになれば、顧客は翌日も私に相場予測を聞いてくるようになる。

ちなみに、相場の見通しというと、一般の人はテレビのニュースや雑誌の誌面に載っているような「ドルは今後高くなる」「ユーロは弱い動きが続く」といったイメージをもつかもしれない。しかし、私のようなカスタマーディーラーが相場の見通しとして伝えなければならないのは、1日のなかの、これから数時間以内の値動きである。そしてこのカスタマーディーラーが語らなければならないごく短い相場の見通しというものは、それこそプロがプロに対して発信し、その日のうちにすぐさま結果が明らかになってしまうものだけに、非常にシビアな世界なのである。

いまも続く「まな板の上の鯉」生活

ボードディーラーやポジションテイカーも確かに自分の相場見通しをもってポジションをとり、儲かるかやられるかという形で結果が問われる厳しい世界で生きている。しかし、そこで生じる損益は、あくまでも自分の銀行のなかで始末をつけるものである。しかし、カスタマーディーラーが語る相場の見通しというものは、顧客の損益に大きな影響を及ぼす可能性が高い。それだけに、発言にもより重い責任が伴う。

ある時点で顧客に自分の相場観を伝え、その後も時間の推移に伴って、自分が顧客に伝えた相場見通しがずれてきたときには、リアルタイムでその情況を分析し、「前提条件が変わってきた」「仕掛けは見送ったほうがいい」「ポジションを閉じたほうがいい」といった具体的なアドバイスを顧客に伝えていく必要がある。

当時はインターネットやメールなどの情報伝達手段がなかったため、ファックスで一斉送信したり、とにかく一日中、どこかの顧客と電話で話をしたりしているといった状況で、それ以外の用件の電話がほとんどつながらないなどとよく苦情をいわれたものである。

いま私はＪＦＸというＦＸ会社の代表取締役を務めているのだが、そこで

図表1-1　「マトリックストレーダー」のなかの「小林芳彦のマーケットナビ」の画面

JFXに口座を開設していれば、「本日の参入レベル」やリアルタイムで随時書き込まれる「マーケット速報」をチェックすることができる

も「小林芳彦のマーケットナビ」と題して、日々、個人投資家に向けて情報を発信している（前ページ**図表1－1**）。その内容は、かつてカスタマーディーラーとして機関投資家の顧客に発信していたものとほぼ同じである。さすがにいまではインターネットが普及したため、ファックスの一斉送信で情報を伝えるということはしていないが、毎朝決まった時間帯に、個人投資家のみなさんにその日の相場見通しを出し、時間の経過に伴う相場見通しの変化があった場合にも随時、情報をお伝えしている。

つまり、私は現在も、現役時代と同様の緊張感、ノウハウをもって日々の相場予測をし続け、その内容を白日の下にさらし、いわば「まな板の上の鯉」のような状況で、結果について責任を負わなければならない立場に身を置いているというわけだ。

巻末のデータは、本書発行までの1年間の私の「星取り表」（日々実績データ）である。毎朝7時過ぎに「小林芳彦のマーケットナビ」のなかの「マーケット速報」で公表している売買方針（「本日の参入レベル」）に対し、実際の相場の動きを照らし合わせて検証しているものであり、〝後出しじゃんけん〟ではない。この表を見ていただければ、勝ち負けはもちろん、トレードの頻度、勝つときと負けるときの値幅など、私自身の取引の実態がすべてわかるというわけだ。

手前味噌で恐縮ではあるが、この星取り表を見ていただければ、相当に確度の高い相場見通しになっていることがわかるだろう。JFXに口座を開設していただければ、誰でも無料で毎朝、売買方針を見ることができるので、興味がある方はいつでもアクセスしてみていただきたい。

ちなみに、相場にはボラティリティが低い時期も高い時期もあるのだが、通常、東京時間で私のようなスタンスでドル／円のデイトレをするのであれば、利食いは35銭、損切りは40銭で、6勝4敗、というのが合格ラインのイメージである（**図表1－2**）。

さて、このようにして私が日々、相場の見通しを予測している方法について、その背景となる考え方、情報の得

図表1-2　東京市場のデイトレで勝つイメージ（ドル／円の場合）

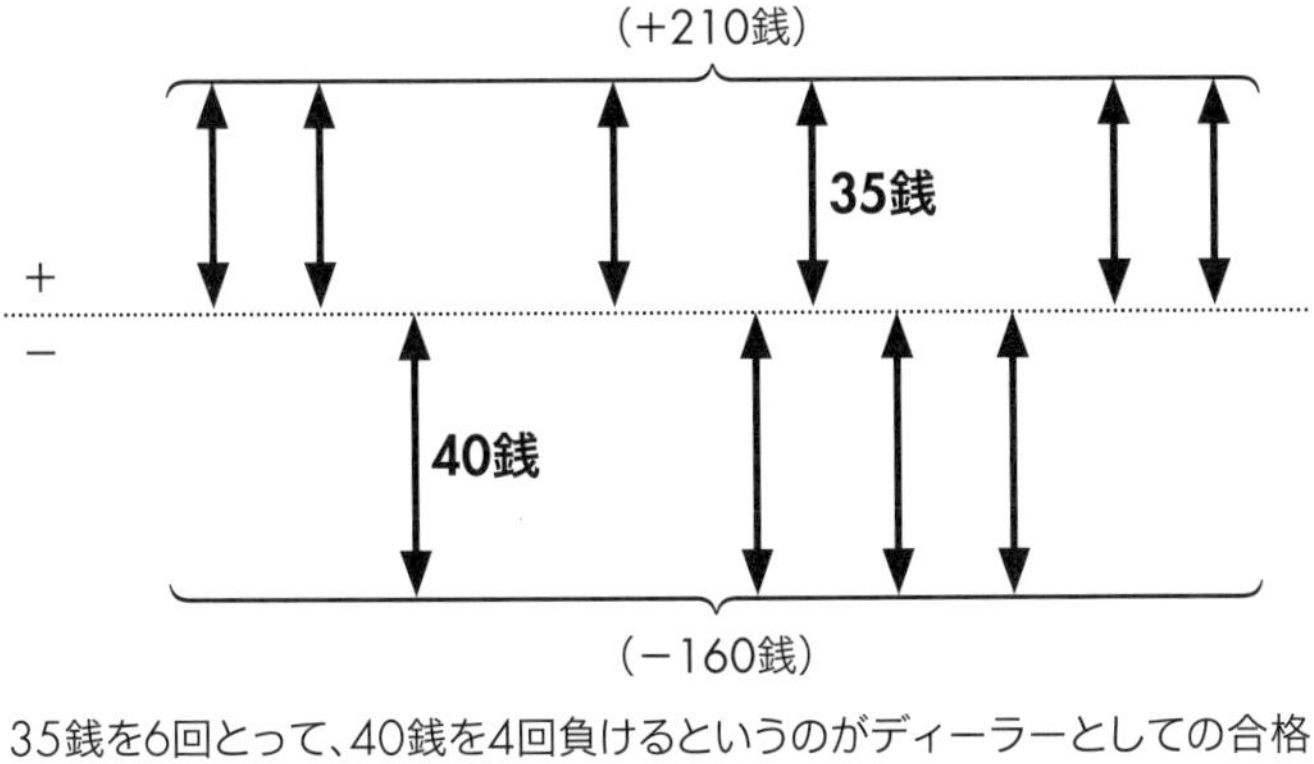

35銭を6回とって、40銭を4回負けるというのがディーラーとしての合格ラインのイメージ。これを念頭に置いて相手の行動を予測しよう

方、解釈の仕方、テクニカル分析などの具体的な判断方法について、順を追ってわかりやすくお伝えしようというのが本書の内容である。

外国為替市場は、多くの参加者が同じ条件の下で、公明正大に通貨を売買している場である。そこに参加している者たちは、実需や投機など、さまざまな理由で通貨を売買する。実需には実需の、投機には投機の目的があり、取引の仕方や判断基準もさまざまだ。だからといって、「相場の行方は相場に聞いてくれ」ということでは決してない。私の経験からいうと、いくつかのポイントについて丁寧に情報を分析して判断していくと、少なくともデイトレのスパンでの相場予測の精度を高め、取引で利益を残していくことは十分に可能である。

本書においてはまさに、私が毎日の売買方針をどのようにして導き出しているのかを解説していくので、読者のみなさんには大いに参考にしていただき、FXで利益を上げるために活用していただきたい。

また、それと合わせて、そもそもインターバンクのプロディーラーの世界における取引の流儀や、利食いや損切りの値幅の感覚、勝率や売買頻度がどうなっているか、リスク管理に対する考え方などについても解説するので、参考にしていただければありがたいと考えている。

The misfortune of others is taste of honey

経済予測と相場予測はまったく違うもの

みなが強気のときは下がるのが相場というもの

ＦＸや為替取引に関する本がたくさん出されているが、そのなかにはインターバンクディーラーを経験した者の感覚からすると、「実態と違うな」と感じる記述がなされているものも多い。本章ではそうしたもののなかから、いくつかの事例を取り上げてみたい。

まずは、相場全体の空気と実際の値動きについてである。

たとえば、市場参加者の多くがドルに対して強気だとしよう。誰もが「ドルは買いだ」と言っている。このような場合、みなが強気なのだから、相場は上がると判断するのが常識だと考えている人は多い。

ところが、実際の相場はそれとは逆に、みなが強気であるのにもかかわらず、下がることが多いというのがプロの感覚だ。

これは、市場全体の「ポジションの傾き」に起因している。

たとえばみながドルに対して強気だとしても、市場のポジションがまだドル買いに傾いていなければ、ドルが上がる可能性は高いと考えられる。しかし、すでに市場のポジションは大半がドル買いに傾き、しかも相当に大きなドル買いのポジションが形成されている場合には、いくらみなが強気でも、それ以上は相場が上がらず、逆にドルが売られる可能性が圧倒的に高まる。

冷静に考えれば、当然のことだろう。みなが強気で、しかも大勢の市場参加者がドルを買っていたら、そこから先、さらにドルを買って相場を上げてくれる市場参加者がいなくなってしまうからだ。誰かが高値を買ってくれない限り、相場は上がらない。高値圏で、誰も買う人がいなくなってしまったら、あとは下がるのを待つだけだ。

もちろん、実需など相場観とは関係のない売りが出てくることもあれば、利食いの売りを出してくる市場参加者も出てくる。

全員がパンパンの買い持ち状態になっているところでそうした売りが出たらどうなるか。実需の売り、利食いの売りの分だけ、少し下がるなどと悠長なことを言っていてはいけない。下がれば損失となってくる市場参加者もいる。そうした参加者が損切りの売りに転じ始めたら、損切りが損切りを生む展開となる。

つまり、全員が強気でかつポジションが買いに傾いているということは、そこにほんの少し弱気の材料を投げ込んでやるだけで、極めて下がりやすい状態になっているということだ。そして実際にレートが下がってくると、損切りにかかっていない参加者まで、疑

心暗鬼に陥り、相場は一気に崩れ落ちるのである。

したがって、市場参加者の大半が、たとえばドル買いに傾いているなと思った時点で、自分のポジションに利が乗っていたら、そろそろ利食いをする機会を伺ったほうがよい。逆にまったくポジションをもっていない状態なら、様子を見るか、近々訪れると考えられるドルの暴落に備えて、ショートのポジションをもつようにする。

すでにポジションをもっているにもかかわらず、なかなか利が乗ってこないような場合は、早めにポジションを閉じておいたほうがよいかもしれない。

そうはいっても、肝心の「ポジションの傾き」をどうやって知るのかについて疑問をもつ人がいるだろう。その方法が、インターバンクディーラーとして需給情報を得たり、取引のフローに接していたりしないとわからないということであれば、いくらこの本でノウハウとして解説してみても、絵に描いた餅に過ぎないことになる。

たしかに、インターバンクディーラーは、まさに市場の真ん中にいるという意味で、取引をするにあたって有利な部分は多い。しかし、大まかな参考になるような材料は、インターネットでも、相当程度、把握することができる。

たとえば、東京金融取引所では「くりっく365」というFX商品を運営しているが、そのホームページには為替売買動向などが掲載されており、売りと買いの比率が通貨ペアごとに掲載されているので、参考になるだろう。ただし、くりっく365は現状、あくまでも個人投資家のみのマーケットであり、インターバンクは参加していないということには留意しておく必要がある。

あるいは、プロのマーケットという点では、シカゴのIMMポジションが参考になる。IMMというのは、米国にあるシカゴ・マーカンタイル取引所の一部門であり、通貨の先物取引が行なわれている。デイリーでアップデートされるデータではないところが少し難点ではあるが、FX会社のホームページで、このデータを公開しているところもあるので、一度チェックしてみるとよいだろう。

いま挙げたものはダイレクトに需給に関わる情報をある程度把握しようという方法であるが、そもそも、デイトレにおける短期のポジションの傾きについては、相場の動きそのものをチャートで追いかけながら、「参加者たちの立場を想像」していくことで、いま誰がどういう状況にあって何を考えているのかを推測することができる。私がポジションの傾きを把握する方法も、これがメインである。

したがって、読者のみなさんも、この方法を会得することによって私と同じ視点で相場を見ることができるようになるはずだ。この方法については第3章で詳しく解説したい。

相場参加者たちは移り気

ファンダメンタルズの観点からトレンドができている場合、経済指標が相場を動かす大きなきっかけの一つとなることはいうまでもない。

ファンダメンタルズとは経済の基礎的条件のことだが、平たく言えば、経済活動が活発かどうかを計るためのもの、ということになる。

たとえば中長期のトレンドでいえば、いまの経済活動が極めて活発だったり、これから活況を呈する可能性が高いと思われたりする国の通貨は、買われる傾向が強まる。ただ、ここで注意しなければならないのは、ファンダメンタルズを示す経済指標が、どのように相場に受け取られ、為替レートが動くのかについては、流行り廃りがあるし、そのときのマーケットの状態によっても異なるということだ。

つまり、為替レートの動きを予測する際に、「これがこうなれば、常にこう動く」というような、確実なルールは存在しないのだ。その時々で、市場参加者が最も注目している経済指標の動向に着目する必要があるし、またその受け取られ方についても、原則とは異なることがあるということだ。

第3章で詳しく解説するが、たとえば、私が新人だった26年前は、米国の貿易収支の発表というのが、ディーリングルームの最大のイベントだった。

米国の貿易収支は毎月15日前後の、米国東部時間午前8時半に、米国の財務省によって発表される。ちなみに日本時間だと、サマータイム適用時は午後9時半、それ以外の時期は午後10時半になる。夜、為替レートが映し出されるモニターを凝視し、何十回線も顧客のダイレクトラインがつながっている電話ボードの前で、指標発表のタイミングを待つのだ。

そして指標が発表されると、銀行のディーリングルームは一気に喧騒に巻き込まれる。実際に出た指標の結果が、市場の事前予想値に比べて大きく乖離しているような場合は、その方向に為替レートが一気に振れる。つまり、実際の数字が市場の事前予想よりも悪ければドル売りだし、良ければドル買いになるのだ。いずれにしても、米貿易収支の発表は、当時の為替業界にとっては最大のイベントだった。

もちろんいまも、経済指標が発表された直後は、お祭り騒ぎ状態になる。ただ、私が新人だった頃と異なるのは、米国の貿易収支が市場の注目材料になることはない、ということだ。

では、最近は何が最も注目されているのかというと、同じ米国の「雇用統計」である。

雇用統計については第3章で詳しく解説するが、基本的に毎月第一金曜日の、日本時間で午後9時半（夏時間の場合。冬時間の場合は午後10時半）に発表される。

米国ではGDPに占める個人消費の割合が約7割と高く、雇用の回復が消費に直結しているため、失業率や非農業者部門雇用者数の変化が個人の消費マインドに大きな影響を及ぼすことになる。

しかも、それだけ重要な経済指標であるにも関わらず、予想数値と実数値が大きく乖離することが多いことも、相場を動かす要因になっている。就職活動を行なっていない者は労働者人口にカウントされないなど、正確な数字が反映されにくいという欠点があるものの、あえて、それを理解したうえで、世界中の為替ディーラーが雇用統計の数字に全神経を集中し、発表直後にお祭り騒ぎのようなトレードを行なうといったことが定着しているのだ。

雇用統計は為替村の村祭りであり、数字が発表された直後は、マーケットが大きく動いていくというわけだ。とくに、予想数値と実数値が大きく乖離したときほど、動きも大きくなる。ちなみに、予想数値に対して実数値が下方乖離すればドル売り、上方乖離すればドル買いになるというのが基本的なルールである。

このように、為替相場を予測するうえで、ファンダメンタルズが重要な要素のひとつであることは違いない。そうしたなかでデイトレにとって大事なことは、いま世界中の為替ディーラーが、どの経済指標に注目しているのかということを把握しておくことだ。そして、その経済指標が発表される前には、必ず予想数値を把握してマーケットの動向をきちっと見守ることも大事になってくる。

なお、重要な経済指標が発表される際、ポジションをもつべきかどうかということだが、基本的にプロの為替ディーラーは、重要指標が発表される前は、ポジションを整理したうえで、経済指標の発表を待つというのがセオリーだ。そして、指標が発表された直後に、プライスアクションを見ながらポジションを傾けてくる。ただし、あくまでもお祭りであり、大きく動いたとしても、それがトレンドになるというケースは、ほとんどないと考えておいてよいだろう。遊びで少しコミットするという程度なら問題はないが、ヤマをかけて、事前に大きなポジションをもつというようなことだけは、避けたほうがよい。

The misfortune of others is taste of honey

「為替介入」とはクールにお付き合いせよ

ドル／円につきものの為替介入

2011年8月4日、76円台まで進んでいた円高（ドル安）に対し、財務省・日銀は東京時間の午前から円売りドル買い介入を実施し、一時は80円台をつけるところまでドルを押し上げた。

また、2011年10月31日にも、政府・日銀は「新手の指値介入」（日本経済新聞）を行なった。このときの介入の何が新手だったかといえば、76円割れの水準から79円50銭まで押し上げた後、1000本を超える大量のビッド（買い指し値）を79円20銭に置き続けたことによって、東京時間の12時前から15時近くまで、ほぼドル／円が79・20でこう着するという動きを生じさせたからだ。これは介入の目標が「水準の維持」ではなく「輸出企業（トヨタなど）にドル円を高値で売らせること」にあったからだといわれるが、真偽のほどはわからない。

この2回の介入は、２０１０年９月に６年半ぶりに行なわれた介入と、２０１１年3月の東日本大震災後に行なわれた協調介入に続くものだった（次ページ**図表1-3**）。

２０１０年９月の介入が６年半ぶりだったということは、裏を返せば、介入というのはそれほど行なわれていなかったということでもあるのだが、それでも、日本の個人投資家にとって、介入は一大関心事である。

その理由は、日本の個人投資家の多くは自国通貨である円と基軸通貨であるドルの組み合わせである「ドル／円」相場をトレードするケースが多く、このドル／円相場というのは、為替介入（円売りドル買い）と切っても切れない関係にあるからだ。

為替介入というのは、為替レートの水準がいまの経済実体から見て望ましくないと判断される場合、その水準を訂正するために、その国の通貨当局が特定の通貨を売ったり買ったりすることを指している。日本では財務省が通貨政策を担当しており、日銀は財務省からの委託を受ける形で、為替介入を行なっている。

1ドル360円の時代から、長期的な流れとしては確実に円高が続いてきているなか、円高は輸出企業にとって好ましいものではないこともあり、ドル／円相場においては円高局面がクローズアップされるたびに、当局による円売りドル買い介入が実施されてきたのである。

そして、介入が行なわれると、それまでの相場の流れとは明らかに異なる対応を迫られることになるため、インターバンクのディーラーにとっても、個人投資家にとっても、介入をどう受け止め、どのように対処したらよいの

かは大きなテーマとなる。

　昔は為替介入などというと、マーケットを大きく動かす要因のひとつとして、市場参加者も色めきたったものだ。

　実は私も現役時代に、日銀の担当者と介入に関して情報交換をしたことがある。インターバンクの立場からすると、こういう介入のやり方をしたら効くのではないかという内容であった。

　たとえば、いまマーケットがショートになっていると思うから、介入したら効くと思う場面があったとする。とはいえ、同じペースでやっていても効きにくいから、一回介入して持ち上げたら、フッと手を引いて落としてから、また上げるというやり方である。

図表1-3　最近の為替介入とドル／円の日足チャート

こうすると、落ちてきたときにショートをためさせておいて、それを損切りさせることができる。そういうやり方で、ホップ・ステップ・ジャンプと3回ぐらい損切りさせると、売り方はあきらめるわけだ。

逆に、下手なやり方をすると、介入だと思って買い方についたディーラーに損切りさせるような形になり、次からはついてこなくなるので、介入の効果が弱まる。そうさせないためには、フッと落とすにしても、最初の発射台よりは高いところにとどめながら下値を切り上げ、サポートラインをつくっておかなければならない、といった具合だ。

介入の動きにどう対応するか？

当局がこうした為替介入を行なうときに、介入の連絡を受けた銀行はラッキーであることはいうまでもない。

たとえば仮に、A銀行が日銀から80・55の指値で全部買えといわれているのだったら、A銀行のディーラーは80・60であろうが64であろうが何でも買うだろう。いざとなれば80・55で日銀に売れる（損切れる）のだから、やられ幅は10銭しかない。通常、インターバンクで普通に買っているときに、何がいちばん怖いかといえば、いやな感じがしてポジションを投げようとしたときにビッドがなくなっているような事態である。そうなると、いくらやられるかわからない。それに対して、日銀が介入するときには、たとえ自分が損切りすることになったとしても、確実にそこで買ってくれる先があるのだから思い切ってやれるのだ。

そして、とにかく買いまくってから、たとえば80・80、80・85で売ればいいだけだ。下がってきたらまた買う。自分でどんどん買いながら売り指しをしておけばよい。自分で買い上げていけば、ショートカバーの人間が、自分の利食いの売りを食ってくれるのだから、一粒で何回でもおいしいのである。

とはいえ、一般の個人投資家には、「いくらで日銀が買ってくれる」という情報は入ってこないから、こういうおいしい立場になることはない。

運よく当初の大きな動きに乗ることができたならば、その利益をベースにしつつリズムよく回転させられることもあるだろうが、よくありがちなのは、介入が入ったらしいという雰囲気から、同じ方向で買いに入ったものの、自分が買ったらなぜかジリジリと落ちてきて、損切りをしたらまた大きく吹き上げるといったような動きで、なかなか波に乗ることができないといったものだ。まさに前項で書いた「下手な介入」に踊らされてしまうようなケースである。

だったらどうするかというと、相場の流れによっては、とりあえず売ってみることも戦略の一つである。

たとえばこの場合であれば、80・86の上は少なくとも買いたくないから、売りから入ってみるのである。参入レベルは、80・85と95とし、利食いは、80・55から35ぐらいとする。

いわば、どこまで下がったらもう一発介入が入ってくるのか「怖いもの見たさの売り」である。

ここで大切なのは、20〜25銭ぐらい上に3倍返しぐらいのストップを置くことだ。介入が入らなければいきなり20銭は上がらないだろうということで売りから入りつつ、介入が入ればショートは損切れて、自動的に2倍のロングに切り替わることになる。こうしておけば、自分は何とか逃げきれるというわけだ。

介入が入れば相場は大きく動くから、トレードするにはチャンスではあるが、逆に大きな損失を被ることにもなるため、こうしたリスク管理を徹底しながらポジションをとることが不可欠だ。

もちろん、戦術をうまく決めることができないのであれば、介入のような特殊な場面では相場に参加しないというのも一つの手である。

介入は中長期のトレンドには逆らえない

このように、デイトレにとっては大事件となる為替介入であるが、中長期のトレンドとしては、ほとんど効果がないということも多い。

そもそも1日で約4兆ドルもの取引が行なわれている外国為替市場で、一国の通貨当局が介入したとしても、そんなものは他の市場参加者と何ら変わりないということで、マーケットは呑み込んでしまう。

たとえば、2010年9月に政府・日銀が6年半ぶりに行なった為替介入の金額は、全部で2兆1249億円だ。確かに、2兆円といえばすごい金額だが、世界の外国為替市場における1日の取引高は約4兆ドル。1ドル＝80円で計算しても、320兆円にもなる。つまり、2兆円程度の介入金額では、需給面に大きな影響を及ぼすことは不可能だ。

実際、２０１０年9月の為替介入でも、介入によって3円程度、米ドルは上昇したが、結局、その後に5円程度、ドル安が進んでしまった。このときの介入は、日本の財務省・日銀が単独で介入する「単独介入」だったため、その限界を露呈することになってしまったが、実際、介入の効果というものは、この程度なのである。

もちろん、単独介入ではなく協調介入といって、複数の国の通貨当局が一斉に、同じ通貨を売り買いするという介入の方法もある。２０１１年3月の東日本大震災直後に行なわれた介入がそれにあたるが、これなら、単独介入に比べて需給面に及ぼす影響も大きくなると考えられる。しかし、それでも金額ベースで見れば、約4兆ドルも取引されている外国為替市場の需給動向に決定的な影響を及ぼすのはむずかしい。そもそも協調介入に期待されているものは何かというと、需給面に直接的な影響を及ぼすのではなく、「各国の通貨当局が同時に、同じ目的をもって動いた」というアナウンスメント効果なのだ。

過去の介入の歴史を見ても、協調介入で成功した事例というのは、１９８５年のプラザ合意ぐらいだろう。当時は、米ドルの水準が実力以上に高いということで、米ドルの売りの必要性が高まっていた。

そのため、１９８５年9月に、ニューヨークのプラザホテルに米国、日本、イギリス、ドイツ、フランスという5カ国の財務相・中央銀行総裁が集まり、米ドル売りの協調介入を行なおうということで合意した。これがプラザ合意である。さすがにプラザ合意はマーケットに大きなインパクトを与えた。結果的に、このプラザ合意によって、いまに至る長期的な円高傾向への道筋がつくられたと言っても過言ではない。

ただ、プラザ合意のような歴史的な出来事はさておき、一般的に、為替レートについては基本的に各国の思惑もあり、複数国の通貨当局が同じ方向で為替介入を行なうのは、昨今では非常にむずかしくなっている。そのため、協調介入が行なわれるとしたら、世界的に大きな経済的ショックがあり、介入して為替レートを動かすことが、経済的ショックの波及を食い止められる可能性があるといった特別な場合に限られている。

為替介入が入ると、たしかに為替レートは大きく動くし、それまでの相場の流れとは異なる動きが示現することも多いため、個人投資家としては非常に対応がむずかしいのは事実だ。しかし、介入が相場に対して与えることができる影響には限度があるため、介入を必要以上に恐れる必要はない。介入実施で一時的に相場が一方向に動いたとしても、大きなトレンドに逆らうことはできない。為替介入というのは、その程度のものと考えてクールに付き合っておけばよいといえる。

なぜデイトレが面白いのか？

私のトレードのタイムスパン

投機筋、実需筋など、インターバンクで為替取引をしている参加者にはいろいろな種類があるが、私の顧客たちが求めていた情報のタイムスパンは「デイトレ」だった。「メーカーなど実需筋がデイトレをする」というと不思議な感じがするかもしれないが、メーカーにはメーカーの事情があるのである。

たとえば、本来の業務に伴う為替取引の注文は、いくつかのメインバンク（邦銀）に対して、自社への融資割合に応じて出すのが、暗黙の合意というものであろう。ところが、本業に伴う為替取引には、ヘッジがつきもので、このヘッジの部分を外資系に出してくるというわけだ。それ以外も、会社によっては部署としてトレードが好きというところもあるし、担当の部長なり課長なりがトレード好きというケースもある。いずれにしても、そのような事情で、私の相場予測といえば、現役時代から一貫して「デイトレ」だということである。

デイトレといっても、ボードディーラーが行なうようないわゆるスキャルピングと、もう少し長いポジションをもつものがある。私の場合は、後者に近い。

インターバンクのボードディーラーは、ファンダメンタルズなどほとんど見ずに、基本的には需給、人によってはごく短いチャートだけを頼りにトレードしている。そのトレードは数秒から数分間程度で勝負を決めていくので、たとえば何か要人の発言が出てドーンと落ちたならば、ちょっともみ合い始めて戻ると思った瞬間に、彼らは買い、10銭でも抜ければ売るという世界だ。

要人発言の真意も数字の意味も何も関係ない。数字が良かろうと悪かろうと、買われると思えば素直に買い、売られると思えば素直に売る。あらかじめ、みながいいと思っていたとおりの数字が出たにもかかわらず、相場が崩れたようなときには、その動きに理由を求める者からすれば「何で？」と思うかもしれないが、ボードディーラにするとよいだろう。

10万ドルの建て玉でやれば、これで5万円になる。デイトレードとして月に20日やれば100万円となるから十分だ。

ごく短期のディーリングでやるのであれば、この1分足で10銭程度抜く方法はやりやすいからオススメだ。

ただ、それをやるためには、チャート画面に一日中張り付いている必要がある。画面にへばりついて、朝から夜まで見ていると、「こいつは勝てるな」という鉄板の場面が何回かある。そういうときに、チャートを見ながら、値動きを見て、感触として、「これからこっちに行きそうだ」と思うときに、売買しなければならない。サインが出てから買ったり売ったりしたのでは遅いからややむずかしい。ただ、テクニカル分析と値動きの感触は毎日見ていれば、少しずつわかってくる。

とはいえ、そのタイミングがくるときまで集中力を保ちながら、待っていなければならないのがキツイ。本気でやるのであればパソコンを6台ぐらい見る必要がある。なぜなら、ドル円をやるにしても、ドル円だけではなく、ユーロドルやユーロ円、ポンド円も見ておく必要があるし、最終的に使うのは1分足だとしても、5分足と1時間足ぐらいは見たほうがよいからだ。

そこまでやれば当然、目も体も酷使することになる。それを日々続けることは、少なくとも私には向いていないので、私の場合は、デイトレといってもスキャルピングはやらないというわけだ。

1分足とボリンジャーバンドとMACD

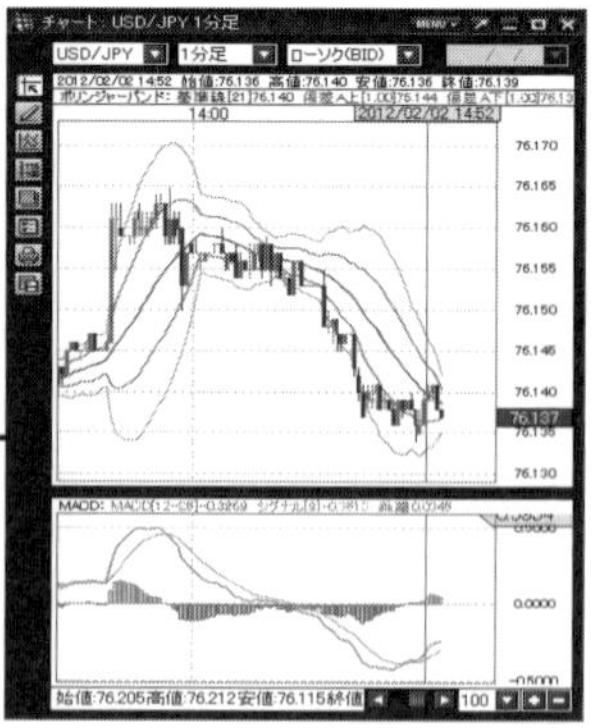

COLUMN ❶

スキャルピングのうまいやり方について

ボードディーラーのような需給情報を得ることはできないが、どうしてもスキャルピングをやりたいという人は、1分足にボリンジャーバンドを重ねて、MACDとストキャスティクスを一緒に見ながらタイミングを計るとよい。

タイミングとしては、ボリンジャーバンドのふちに沿って上昇（プラス2シグマ）、下落（マイナス2シグマ）し始めたときに、MACDやストキャスティクスが交差したときである。

たとえば、上昇していたものが反落し始め、プラス2シグマとプラス1シグマのあいだにある場合に、MACDやストキャスティクスが交差しそうであれば売る。その後、中心の21本もしくは26本移動平均線を越せるのか越せないのかはじっくり観察しなければならないが、それを超えるようならば、あとは下のマイナス2シグマに絡んだら利食う。

逆にマイナス2シグマからマイナス1シグマに上がってきたときに、MACDやストキャスティクスが交差しそうであれば買って、同様に利食う。

1回のトレードで抜けるポイントは、マックスでも30銭はなく、だいたい7銭から15銭ぐらいだが、それを1日に5～6回でも取れたら御の字だ。

当然、負けることもあるわけだが、20銭やられたらどんなことがあっても切るというルールにして、1日のなかでトータルで見て50銭抜くことを目標ーは「オーバーボウト（over bought）、つまり買い過ぎてたからだね」というだけだ。

一方、ポジションテイカーは少し長めにものを考える。先ほどの例で、もみ合った後で戻れば、動きの背景を少し考え、たとえば、ある水準まで戻ったところを売ろうとするのがポジションテイカーである。

私のようなセールスのディーラーも、ボードディーラーのように瞬間的な情報を瞬時に顧客に伝え続けられるわけではないので、頭の中はポジションテイカーのうち、比較的短期のトレードを行なうディーラーに近い。

セールスのディーラーがやるべきことは、いま何が起きているのか、何でこうなったのか、ということをまずは顧客に説明して理解をさせ、ここからはこう動くと思うという予測を伝えて注文を取ることである。したがって、この本で解説するノウハウは、そのぐらいのタイムスパンで勝負をする際に役立つものだと考えてほしい。

実はデイトレのほうがやりやすい

デイトレのような短期トレードは、長期トレードよりもむずかしいと思っている個人投資家は少なくない。しかし、これは大いなる誤解だ。

なぜ、このような誤解が生まれるのか。それは、「長期投資なら放っておいても大丈夫」というイメージが強いからだろう。これに対して短期トレードは、為替レートを常にチェックすることが必要なため、パソコンの画面からなかなか離れられなくなる。また、小さな値動きを狙って取引を繰り返すため、いかにも忙しい。

そういうことから、短期トレードはむずかしいというイメージがどうしても強くなるのだと思うが、実体はまったく逆だ。

為替の取引をポジションの保有期間によって大まかに分けてみると、数秒から数分で数銭を抜く「スキャルピング」と呼ばれるトレード、「日計り」という名のとおり1日でポジションを閉じるデイトレード、一週間ぐらいポジションをもつことを前提とした「スイングトレード」、そして数週間～1カ月以上を目処とした長期トレードがある。

長期と短期を比べると、短期になればなるほど、当然のことながら売買頻度が多いため、やるべきことの多さからいえば確実に面倒だということになる。しかし、結果として利益を残すことが簡単なのはどちらかといえば、短期のほうが間違いなくやりやすいといえる。

為替トレードでは基本的に順張り、つまり相場の流れの方向に沿って売買するものだが、感覚的には為替市場は8割がボックス相場であることから、中期～長期のトレードになると、トレンドが生じるのは極めてまれだ。

一方、短期になればなるほど、トレンドとしてとらえられる場面が出現しやすくなるため、チャンスが多い。また、短期トレードの場合には、瞬間的な相場の歪みが出て売られ過ぎや買われ過ぎの状況が現れたりするなど、逆張りトレードで取れる場面もわかりやすい。

あるいは短期トレードであれば、どういう参加者がどのような思惑で売買しているのかも想像しやすいため、「ポジションの傾き」を読みやすい。したがって、投機筋の市場ポジションが傾いた方向と逆のポジションをもつことによって、投機筋の損切りを狙うというプロならではの取引も仕掛けやすい。

たとえば、投機筋の大半がドル買いポジションに大きく傾いた場合、市場にはそれ以上、買う人がいなくなる。そういう場面において、ドルが少しでも下がる気配を見せたら、買いポジションを高めている投機筋の多くは利食い、あるいは損切りの売りに回ってくるので、ドルは下落する。

為替取引においては、多くの人が損切りする場面こそレートが最もダイナミックに動く局面である。なぜなら、損切りというのは、頭で考えるのではなく、また、細かなレートには関係なく、とにかくそれをしなければならない場面だからだ。したがって、こういう場面がいつどこのタイミングで起きるかを読み、その動きに乗じることこそが、相場で勝つポイントだといえる。もちろん、その場面で自分も同じように損切りをしていたのでは仕方ないわけだから、正確に言えば「他人の損切りこそがおいしい」のであり、プロはみなそのタイミングを虎視眈々と狙っているものだ。

　プロが短期トレードを好むのは、そういうチャンスがたくさんあるからに

ほかならない。

長期トレードで〝歴史的な相場〟で大きく取ることは、夢やロマンにあふれてはいるが、現実にはそういうチャンスは少ないし、遠い未来を予測してトレードすることは、なかなかうまくいくものではない。また、夢を追いかければ、負けたときの損失額も大きくなりがちで、リスクマネジメントもやりにくい。

デイトレのような短期トレードで頻繁に売買することは、たしかに面倒だし、ともすればむずかしそうというイメージが先行しがちだ。しかし、チャンスが多い、リスクマネジメントがやりやすい、動きを読みやすいなど、実はメリットは多い。きちんとしたやり方を覚えて、トレードに慣れさえすれば、初心者でも比較的簡単に、勝ち癖を身に付けやすいものだといえるのである。

短期トレードではどの通貨ペアを売買するか？

個人投資家に人気のある通貨ペアというと、豪ドル／円のような高金利通貨がまず浮かんでくる。日本では銀行の外貨預金の手数料がべらぼうに高かったため、それを格段に安く済ませることができるとしてFXのメリットが広まってきたという経緯がある。外貨預金では豪ドルの人気が高かったため、その流れのままに、FXにおいても豪ドル／円を取引する人が多い。確かに、オーストラリアは高金利国だし、資源国通貨という側面もあるので、定期的に得られるスワップポイントが高いのに加え、通貨高が期待されることから、人気を集めるのもわかる。

ほかにも高金利通貨ということであれば、北欧通貨、東欧通貨、中南米通貨などが挙げられるが、実はこれらの通貨は短期トレードには向いていないので、注意したほうがよい。なぜなら、流動性が極端に低いからだ。

市場の流動性が低いと、ファンド資金の流出入によって為替レートが乱高下する恐れがあるし、場合によっては取引が制限されたりする恐れもある。短期トレードの場合は、必ず反対売買によって損切りしたり、利食いをしたりすることが必要だが、流動性が低いと、そうした場合に、支障をきたしてしまうことになる。

したがって、短期トレードを中心にするのであれば、やはり流動性の高い通貨ペアを選ぶ必要がある。

取引する通貨ペアを選ぶときに注意しなければならないのは、とくに私たち日本人は、円を介在させた通貨ペア（クロス円）のみで考えてしまいがちだということだ。

ドル／円、ユーロ／円というように、対円の通貨ペアのなかで、最も流動性が高いものは何か、という考え方をしてしまいがちだ。

しかし、私の個人的な考え方をいえば、初心者にはユーロ／ドルがベストだと思う。対円ではなく、ユーロ／ドルである点に抵抗感を抱く人もいると思うが、ユーロ／ドルの特徴は、何といってもチャートに対して素直に動く傾向があるということだ。慣れてしまえば、対円の通貨ペアよりも短期トレードに向いている。

実は、通貨ペアのなかではユーロ／ドルが世界的に見てもいちばん流動性が高く、インターバンク間の取引金額も大きい。したがって通貨の動きをみる場合、東京市場の円絡みの動きよりも、ドルの指標となる通貨ペアだといえる。

他に流動性が高く、取引しやすい通貨ペアというと、ドル／円、ユーロ／円、ポンド／ドル、ポンド／円などがある。いずれも個人投資家には人気の高い通貨ペアだ。これ以外にも、冒頭で触れた豪ドル／円、ニュージーランドドル／円、カナダドル／円などもあり、これらは資源国通貨としても人気が高い。

The misfortune of others is taste of honey

デイトレの仕方も取引時間によってさまざま

外国為替市場は24時間取引

外国為替市場は24時間取引が可能である——多くのFX会社が、FXのメリットについてこのように答えているし、各社のウェブサイトにも、そう明記されている。

このように「24時間取引」というと、おそらく多くの個人投資家の方は、何となく外国為替市場という単体のマーケットで、24時間ずっと取引が連続して行なわれているという認識で取引しているのではないだろうか。

しかし、これは大いなる誤解だ。24時間取引可能というのは事実だが、その間には、さまざまな国（の市場）において、その国の生活時間に応じて、さまざまな参加者が外国為替取引を行なっているというのが実際のところだ。ただ、外国為替取引は電話やコンピュータを用いた通信回線を通じて、国境に関係なく、どの国のマーケットにも容易にアクセスできるため、相互の市場は重なる部分も多く、結果的に連続した24時間取引が可能なマーケットになっているというわけだ。

したがって、確かに24時間取引は可能だが、その間、どの国において多くの参加者が取引しているかによって、「主戦場」は異なる。そして主戦場が異なると、マーケットのクセが違ってくる。したがって、連続した単一のマーケットと考えるのではなく、連続して取引することはできるが、どの国・地域のマーケットが主戦場になっている時間帯かによって、相場つきが大きく変わってくると考えたほうがよい。つまり、自身がどの時間帯に取引するのかによって、戦略・戦術も変わってくるということだ。

では、具体的に時間を追いながら、各マーケットがどういうクセをもっているのかということについて、触れていこう。

月曜の朝は要注意の「オセアニア市場」

外国為替市場の取引を1日の時間の流れでいうと、地球上でもっとも早く1日が始まるということで、ウェリントン市場からスタートする。しばらく後にシドニー市場が開き、続いて東京市場がオープンするという順だ。

ウェリントン市場が開く前は、前日のニューヨーク市場での取引がクローズ間際ということもあり、大幅に流動性が低下する。とくに月曜日などは、まさにウェリントン・シドニー市場が世界で最初にオープンする外国為替市場になるため、流動性は極端に低く、土曜日や日曜日に何か大きな事件などが起こっている場合には、月曜日のウェリントン・シドニー市場では、レートが大きく飛ぶことになる。

ただし、平日の場合は、ニューヨークの午後と重なっていることに加え、ニューヨークのディーラー連中が残って取引していれば、日付が変わっても流動性が急激に低下することはない。

つまり、ウェリントン・シドニー市場は、その日最初にオープンする外国為替市場というよりも、ニューヨーク市場からアジア市場への橋渡しというイメージでとらえているディーラーが大半だ。

このように、普段はそれほど大きく動くことがない市場だが、ひとたび荒れた相場になると、もともと流動性が低いため、大きな値動きになるケースがある。加えて、ストップロスが置いてあると考えられる場合などは、さらに相場の振れ幅が大きくなる可能性が高いため、この時間帯に大きなポジションをもつことには、注意が必要になる。

ちなみに、2011年以降、円高が進んでいるなかで日本の財務省・日銀によるドル買い介入の可能性が高まっているため、日本時間の午前3~4時前後から、東京市場がオープンするまでの間にドルが下落していると、東京市場の取引スタートにかけてドルが上昇するというケースも増えている。

いうまでもなく、市場参加者にとっては介入が怖いからだ。そのため、ニューヨーク時間にドルのショートポジションをもっている市場参加者も、東京市場がオープンする時間が近づいてくると、ドルを買い戻してくる可能性が高くなっている。

相場の流れを読みやすい「アジア市場」

東京と香港・シンガポールには、1時間の時差があるが、いずれも同じアジア市場という位置づけで捉えられている。

ただ、米系のファンドを中心としたビジネスは、東京を経由せずに直接、シンガポール市場に行ってしまうのが普通だ。東京市場はシンガポール市場に比べて人件費、家賃などのコストが割高なため、外資系銀行などが東京からシンガポールにディーリングの拠点を移したこと、言葉の問題があったことなどが、その理由として考えられる。アジア市場のなかで、東京市場の地盤沈下は著しく、それはロンドンやニューヨークなどと出来高を比べても、一目瞭然だ。

東京市場は円絡みの取引が多く、シンガポール市場はファンドなど大口の取引が、香港市場はトレード中心の取引が多くを占めている。

私の場合だと、取引の主戦場はこのアジア時間となるが、ここの特徴は、予測がやりやすいということに尽きる。

後で詳しく解説するような流れに沿って相場の動きを推測しやすいのである。欧州時間が始まるまでの東京市場というのは、その前の夜までの流れに乗って、突拍子もないニュースやコメントがなければ、素直に進みやすいということだ。その理由は、東京時間には一攫千金を狙うようなクセ者の参加者が少ないことと、相場が日本の指標で大きく動くことが少ないということがある。また、日本の指標が注目されているときであっても、それで動くのは8時50分までであり、それ以降はマーケットに織り込まれてしまうために、やりやすいのである。

アジア時間と流れが変わる「ヨーロッパ市場」

夏時間は、日本時間の午後2時半から3時、冬時間は午後3時半から4時にスタートする。

ヨーロッパ・ロンドン市場は、圧倒的にロンドン市場の取引量が多く、1時間の時差しかない欧州は、ロンドン市場に組み込まれてしまう形になる。ドルや円を介在しないユーロ対欧州通貨、ポンド対欧州通貨のクロス取引が活発に行なわれている。

ヨーロッパ市場では、日本時間の夕方5時ぐらいからイギリスや欧州の指標の発表が出てくると、それまでのチャートの動きと一切関係なく、そこから大きく相場が動き始めることに注意が必要だ。

また、アジア時間にできたポジションについて、ヨーロッパ勢が損切りさせようと仕掛けてくることがよくあることも頭に入れておいたほうがよいだろう。

クセ者たちが暴れやすい「ニューヨーク市場」

為替市場の最後を務めるニューヨーク市場は、ヨーロッパ・ロンドン市場とは半日重なっており、ニューヨーク市場がクローズする前にはウエリントン・シドニー市場がスタートする。したがって、ニューヨーク市場の午前中の市場流動性は、他の市場と比べて大幅に高くなる。

この時間帯は当然のことながらクセ者揃いの米系のファンド筋が活発に取引する時間帯でもあり、米国発表の経済指標の数字によって、相場がダイナミックに動くのが特徴だ。

注意すべきなのは、ここでもニューヨーク時間に入った直後に、ヨーロッパ勢がロスカットを付けさせられることがよくあるということだ。たとえば、ヨーロッパ市場で買い上げられていたら、最初に売ってヨーロッパ勢の買いポジションを損切りさせた後でニューヨーク勢が本格的に買い上げてくるといったことがよくあるパターンだ。

このようにしてみてくると、為替市場では24時間連続して取引されているとはいえ、オセアニア、アジア、ヨーロッパ、ニューヨークの市場を大きく分けてとらえ、それぞれにフレッシュな気持ちでトレードを考えたほうが実はやりやすいということがわかるだろう。

第2章

The Misfortune of Others is Taste of Honey

デイトレードにおける
プロの流儀

The misfortune of others is taste of honey

デイトレードは参加者同士の心理戦

仕切りまでのイメージを固めておくことが大切

初心者の方は、ともすれば上がるか下がるかのどちらかを考えてエントリーするものの、どこまでいったら利食いや損切りをするのかというイメージを決めずにポジションをつくってしまうというケースが多いようだ。

本来は、なぜいまそのポジションをつくるのか、という理由（材料）があるわけだから、その根拠が崩れた場合には、損切りするなり利食いするなりしてポジションを閉じなければならない。ところが多くの人が、どこで利食いをするのか、どこで損切りするかというところまではきちんと考えていない。これでは秩序をもってデイトレードを行なうことは不可能だろう。

当初に想定した材料が、材料として機能しなくなった場合（その材料が生きていない場合）には、ポジションをもっていてはいけない。また、当初にポジションをつくった際には、後で解説するようなテクニカル分析に基づいた判断も、その材料となっているはずだ。したがって、テクニカル分析からみてポジションをもっている理由がなくなったときにも、トレードは仕切らなければならないことになる。

いうまでもないことだが、自分の都合や考え方とは無関係に、相場は常に動いている。自分がイメージした動きとは異なる相場になっているのであれば、自分の考え方に固執していても、意味がない。

デイトレとはその名のとおり、1日で仕掛けから手仕舞いまでを行なうトレードだ。そのなかにおいて、自分が材料と考えるものに基づいて、売りか買いかの方向性を決めていくものだ。したがって、その材料次第で、デイトレは5分で終わることもあれば、半日かかることもある。

スキャルピングのように、取引のフローを主たる材料とし、その流れに乗って、売ったり買ったりを繰り返す取引もあるが、本書で伝えたいトレードの基本的なやり方は、前日までの相場の流れやさまざまな情報からみて、当日の売買の方向性とその水準を想定し、仕掛けから手仕舞いまでを秩序立てて行なう取引である。日によって差はあるものの、だいたいドル／円の場合で、35銭幅の利益を勝率60％ぐらいで狙い、損切りは40銭幅程度というのがそのイメージである（第1章参照）。

そのようなトレードの場合、最もやってはいけないことは、デイトレのつもりで材料を判断してポジションをつくったのに、含み損を抱えた状態になったら長期のスタンスに変更してしまうことだ。

2つの時間軸のトレードは明確に異なるものであって、当然、材料も異なることになるからだ。それでも、結果として勝つこともあるかもしれないし、負けることになるかもしれない。しかし、いずれにしても、それはすでにトレードといえるものではなく、まったく制御のできていない運任せの博打であって、いくら場数を踏んでも上達することはないだろう。

プロがビジネスとして行なう以上、トレードは博打であってはならないので、すべての行動には明確な理由が必要だ。

したがって、デイトレードに際しては、仕掛けるときには手仕舞いまでのイメージができていることが不可欠なのである。

他人の「不安心理」を利用せよ

とりわけデイトレードの場合、その成功のポイントは、「他人の不安心理を勉強し、利用する」ことだ。

第1章で触れたように、相場においてレートがいちばん大きく動く場面というのは、多くの人が損切りするときである。したがって、こういう場面において、その動きをうまく利用することこそが、相場で効率よく勝つポイントともいえる。そして、そうした損切りというのは、不安心理がピークに達したときに起こるものである。だから、相場で勝つためには、常に相場の動きの背後にある他の参加者たちの心理状態を想像しながら対応していくことが大切だ。

もちろん、その場面で自分が不安にかられて損切りをする側にいたのでは話にならないから、正確に言えば「他人の不安心理を利用する」のである。

これは為替取引に限った話ではないが、相場取引と人間心理は密接に関連している。相場の流れというものは長期的にみれば経済のファンダメンタルズによって形づくられているのだが、短期においては、ファンダメンタルズが直接に影響することはなく、そうした情報を元に行動する相場参加者の悲観と楽観という心理状態が反映されて形づくられている。

したがって、自らは常に平常の心理状態を保ちながら、他人の心理状態によって動く相場を客観的にとらえ、うまくトレードしていくことが大切なのである。

平常の心理状態を保つために大切なこと

「他人の不安心理を利用する」のだから、自分がその立場に立たされてしまうようではいけない。では、そのためにはどうすればよいのか。

たとえば、資金に余裕がある取引であれば、めったなことでは不安に駆られずに済む。したがって、客観的で合理的な行動を行ないやすく、結果としてトレードで勝てる可能性も高くなる。「金持ちが結局は勝つ」というのは投資やトレードではよくいわれることだが、その理由は、金をたくさんもっているからということではなく、金をたくさんもっていることによって心の余裕をもつことができるからだ。

一方、資金に余裕がない取引の場合は、たとえ相場の見方が正しかったとしても、利食いが早くなったり、ほんのわずかに相場が逆の方向に行っただけで不安になって、たとえそこが客観的で合理的にみた場合の損切りポイントではなくともすぐに損切りをしてしまったりしてしまう。相場は大して動いていなくとも、自分だけがジタバタして、証拠金を失ってしまうパターンだ。

また、失敗したトレードの印象を引きずっていると、熱くなってますます深みにはまってしまうといったことは、少しトレードをした人間であれば、誰でも思い当たる節があるだろう。私も例外ではない。そうならないように、常に冷静に相場を見るように努力している。

他人の不安心理を勉強し、うまく利用するにあたっては、

・自分が心に余裕をもっていること

・気持ちをうまく切り替えること

が大切である。それができず、他人よりも自分のほうが不安な状態であれば、逆に他人に手玉にとられるだけだからだ。

FXのデイトレにおいて、心に余裕をもたせ、気持ちの切り替えをうまく行なうために有効な手段はただ一つ、レバレッジを下げることである。

ストレスへの耐性は人によって異なるから、どのくらいのレバレッジが適正かという答えはない。自分の資金や置かれた状況に照らして、客観的かつ合理的に判断してトレードを行なっている限り、不安な状態には陥らないぐらいの取引量にとどめておくことが大切だ。

レバレッジを下げると、当然、勝ちの幅も小さくなるから、ハラハラドキドキするような、いわゆる勝負の醍醐味は少なくなるかもしれない。しかし、トレードというものは、ハラハラドキドキしたいためにやるものではない。ゲームとしてやりたいのであれば、そのように割り切って、すべて失ってもいいお金で遊べばよい。そうではなく、トレードで利益を残したいと思っているのであれば、たとえまったく楽しくなくとも、勝つために何をすべきかについてベストを尽くすことだ。

そのためには、いかにして証拠金を管理・コントロールしていくかというマネー・マネジメントが非常に重要になってくる。マネー・マネジメントに関する詳しい説明は第4章に譲るが、少なくともポジションをつくる場合には、自らが想定している範囲内の動きであるにもかかわらず、不安になってロスカットをしてしまうような量のポジションをとってはいけない。

つまり、自分の分を超えたレバレッジはかけないようにするということだ。

The misfortune of others is taste of honey

心理戦を戦うために押さえておくべきこと

考慮すべき10のポイント

相場で優位な立場を確保するためには、まずは、心に余裕をもち、気持ちの切り替えがスムーズにできる状態に自らを置いて、平常心を保つことである。

そのうえで、他の市場参加者の心理を把握し、相手の弱みに付け込んでいくことである。常にそのことを意識してトレードをすれば、意識しない場合と比べて、必ずよい結果が生じてくる。

では、この心理戦を制するためには、何に注意しておけばよいのかということを、ここでまとめておこう。

考慮すべきは、次の10項目だ。

①市場参加者がやりたいと思っているのは、売りなのか、それとも買いなのか。

②その理由は何なのか。

③市場参加者の大多数は、これまでの相場の流れのなかで、やりたいと考えていたとおりのトレードができたのか、それともできなかったのか。

④いまの相場は、若いのか、それとも成熟しているのか。ちなみに若いというのは、相場が動き始めてからまだ日が浅いという意味だ。

⑤大きく相場を動かしている市場参加者は、ポジションを仕込みつつあるのか、それとも手仕舞いつつあるのか。

⑥市場の短期ポジションは、売りと買いのいずれのほうに傾いているのか。

⑦市場参加者の持ち値の平均コストはいくらくらいなのか。

⑧利食いと損切りはどの水準に設定されているのか。

⑨いま、市場参加者の大多数にとって動いてもらいたくない方向、つまり大多数が損切りするポイントが近い方向はどちらか。

⑩いま市場で注目されている材料から考えて、相場の動きで意外感がより強いのは、

上か下か。

相場参加者の心理と相場局面を組み合わせて考える

前項のポイントをざっと考え、相場参加者の心理状態を把握することができたなら、次は自分がどのように対応するかである。

そのためにはまず、いまの相場がどういう局面にあるのかを考えなければならない。そしてその局面と、相場参加者の心理状態によって、対応の仕方の基本方針は定まることになる。

相場の局面というのは、その時々で細かい違いはあるにしても、大きく分ければ次のⒶ～Ⓓの4つに分類することができ、それぞれの場面での対応法の基本方針は以下のとおりである。

●市場がブル（強気）だった場合

Ⓐみながすでに買った場合

市場のポジションはロングに傾いており、みなが利食いを待っている状態。このような状況では、誰も上値を買わなくなる。他の市場参加者が更に高値を買い上げてくれることを期待している半面、相場が崩れ始めたら、我先にと売り物（投売り）が出て、手仕舞い売り一色になる。結果、相場は急落する恐れがある。

Ⓑみなはまだ買っていない場合

市場全体を覆っている相場観はブルだが、まだ市場ポジションが追いついていない状態。下がっても、新規でポジションをつくるための押し目買いが出てくるため、下値は堅く、上昇が続く可能性が高い。

●市場がベア（弱気）だった場合

Ⓒみながすでに売った場合

市場のポジションはショートに傾いており、みなが利食いを待っている状態。他の市場参加者が更に下値を売り下がってくれることを期待している半面、相場が戻り始めると、我れ先にと買い物（買戻し）が出て、買戻し一色になる。結果、相場は急騰する。

Ⓓみなはまだ売っていない場合

市場全体を覆っている相場観はベアだが、まだ市場ポジションが追いついていない状態。上がっても、新規でポジションをつくるための戻り売りが出てくるため、上値は重く、下落が続く可能性が高い（**図表2－1**）。

相場局面のとらえ方の具体例

相場の局面と対応法は、基本的に前項で解説した4つの場面に分けることができる。以下では実際の相場の事例を挙げて、この4つの場面のどこに当てはまるのかということを考えてみよう。

図表2-1　マーケットの傾きと値動き

マーケットの動き	ポジションの動き	今後の想定される相場の動き
マーケットがブル（強気）	Ⓐ買いポジションに傾いている	↘
	Ⓑ買いポジションに傾いていない	↗
マーケットがベア（弱気）	Ⓒ売りポジションに傾いている	↗
	Ⓓ売りポジションに傾いていない	↘

チャート①、②、③は、2011年12月29日時点のドル／円である。この時点までの流れは、長期的に円高傾向が続くなか、10月31日に政府・日銀が行なった円売り介入のあと、相場の動きが収束して、そろそろどちらかに動きそうという状況である。

テクニカル的な状態を長いスパンから順に整理してみると、チャート①の日足チャート（**図表2-2**）では、ちょうど1カ月間の保ち合いを下に抜けるかどうかという場面である。長期のドル売り円買いという背景に変化はないものの、介入のせいで相場の動きが止められてこう着した保ち合いの場面が続くなか、ボリンジャーバンドが収

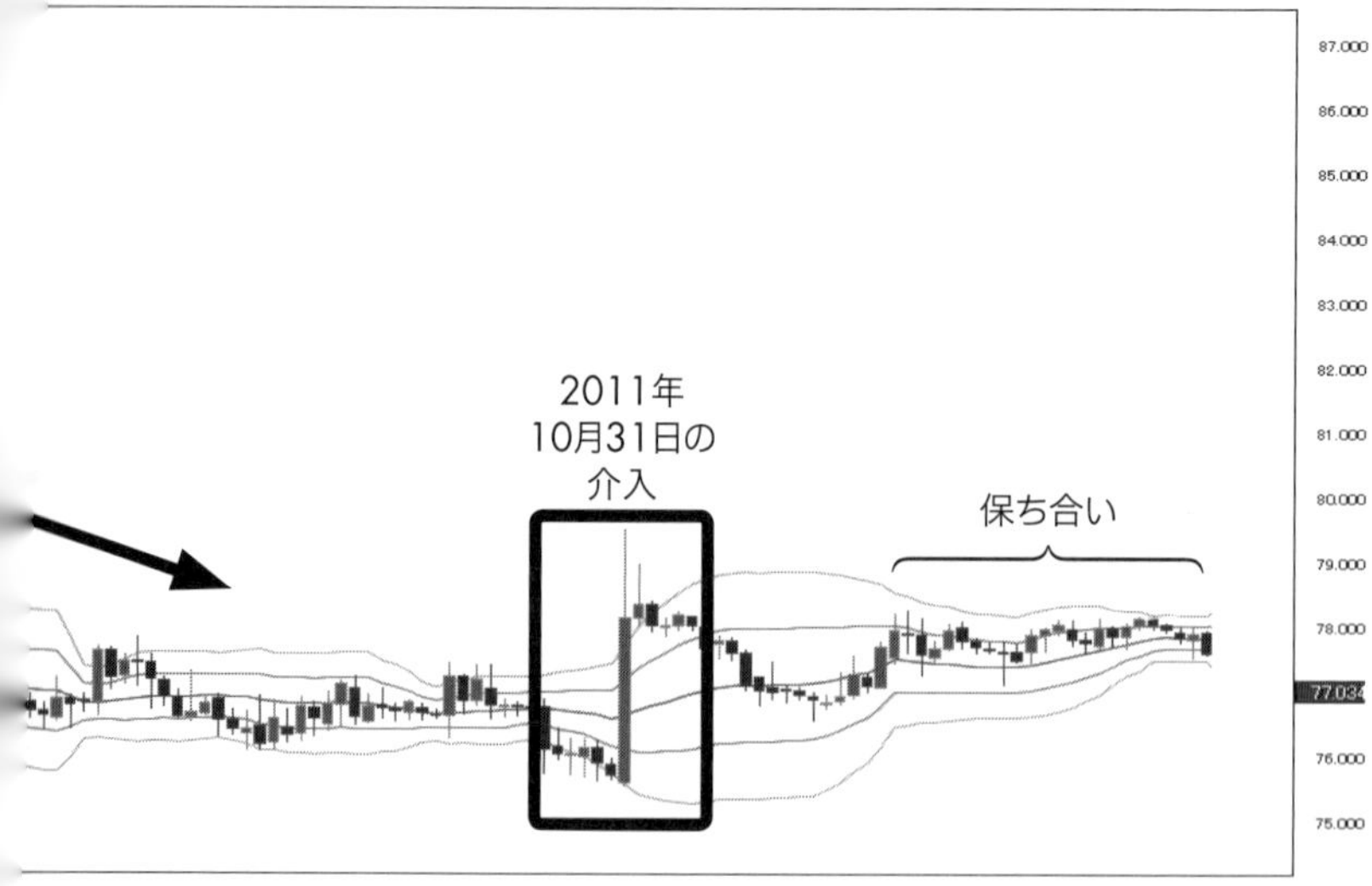

束してきていることから、そろそろどちらかに動いてもおかしくない状況にある。その意味では、ポジションは一応整理され、ドル売りにもドル買いにもそれほど傾いてはいないだろう。

ただし、介入でもち上がった80円手前が重たく、「戻しきれなかった」という印象が強いため、下がりそうだというイメージが強く、売り優勢となっていると思われる。

ちなみに保ち合いというのは、一定の時間、一定の値幅のなかで相場がこう着しているような状態を指している。このような状態のもとでは、狭いレンジのなかで、売り買いが交錯しており、保ち合いを上に抜けると買い

図表2-2　チャート①　12月29日までのドル／円日足の流れ

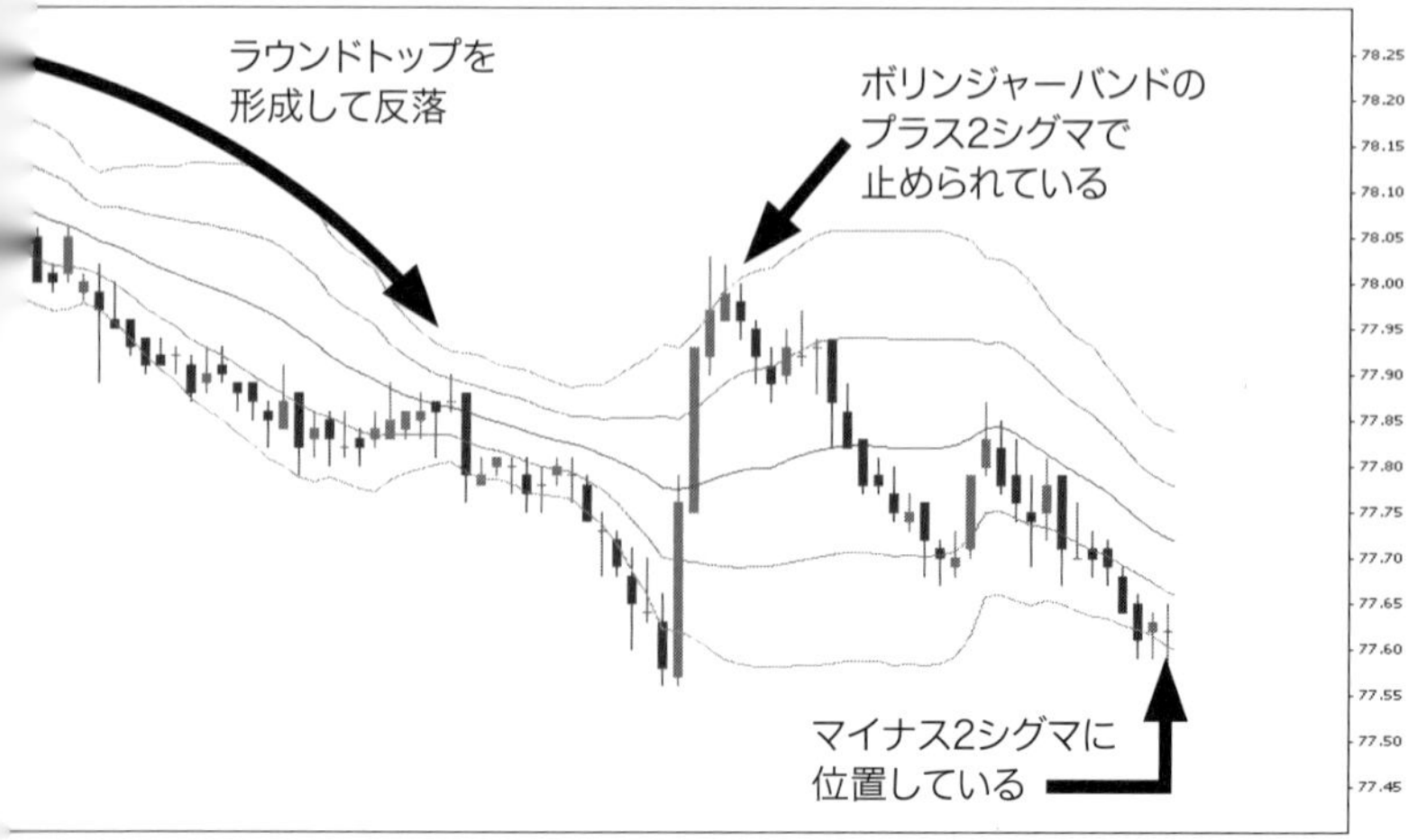
ラウンドトップを
形成して反落
ボリンジャーバンドの
プラス2シグマで
止められている
マイナス2シグマに
位置している
78.25
78.20
78.15
78.10
78.05
78.00
77.95
77.90
77.85
77.80
77.75
77.70
77.65
77.60
77.55
77.50
77.45

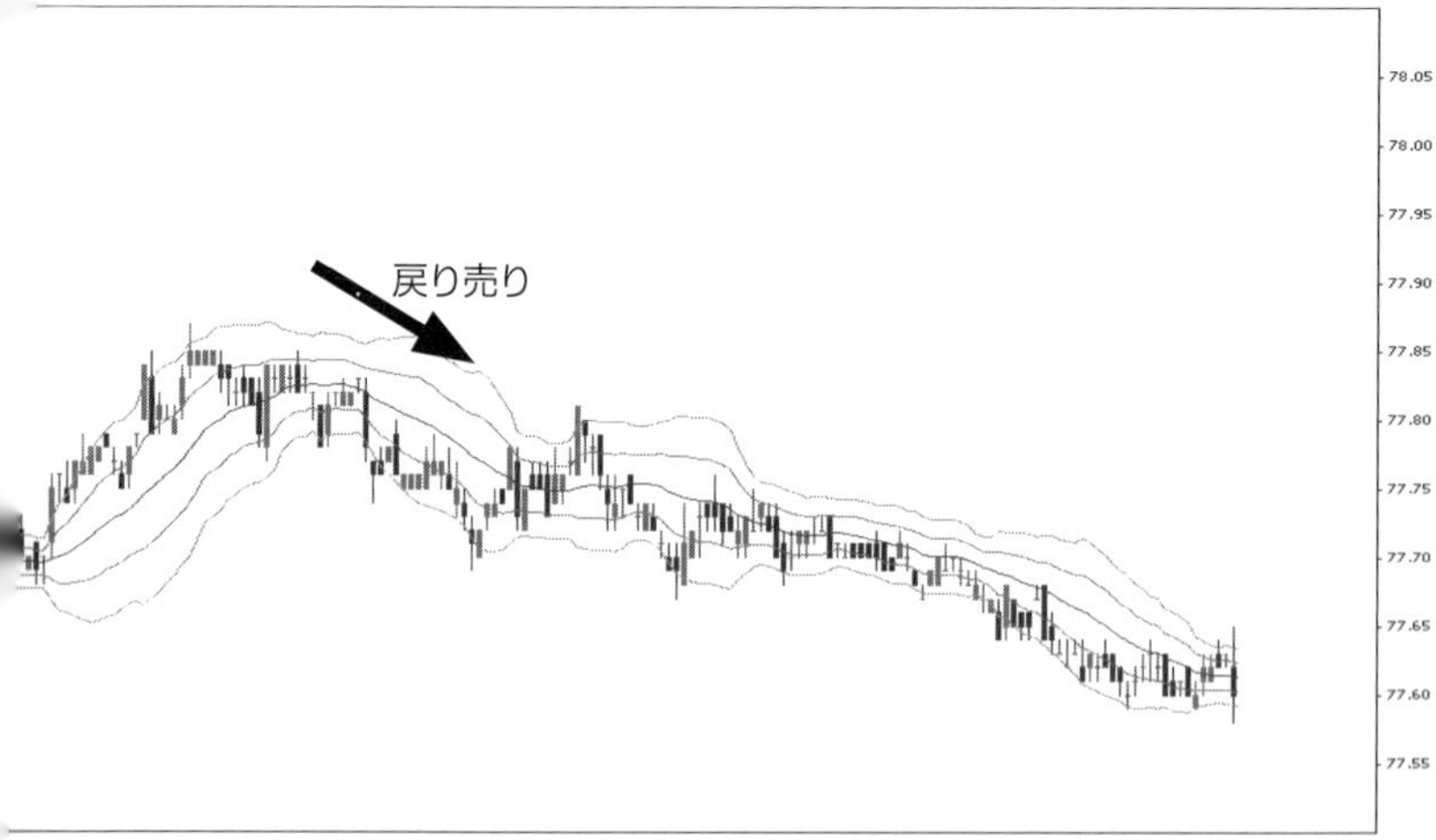
戻り売り
78.05
78.00
77.95
77.90
77.85
77.80
77.75
77.70
77.65
77.60
77.55

図表2-3　チャート②　12月29日 7時までのドル／円1時間足の流れ

図表2-4　チャート③　12月29日 7時までのドル／円5分足の流れ

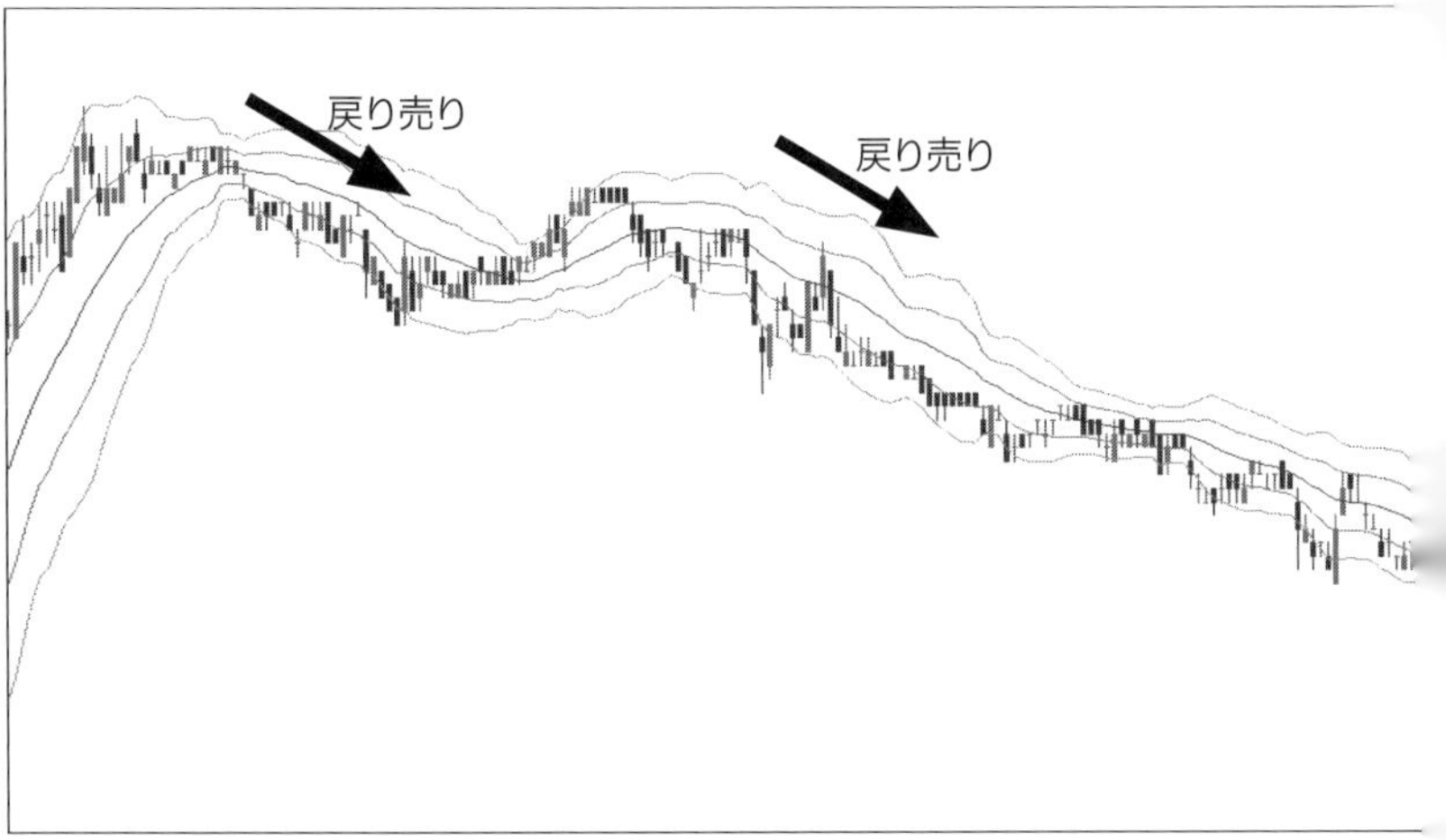

が、下に抜けると売りが出てくる可能性が高いが、このチャートの場面においては、保ち合いを下に抜けそうという程度の段階なので、まだ相場は若いという判断が成り立つということである。

次にチャート②の1時間足チャート（前ページ**図表2-3**）を検証してみる。

78円台前半でラウンドトップを形成し、反落。一度78円近辺へ戻したものの、ボリンジャーバンドのプラス2シグマに止められて下落し、現状マイナス2シグマに位置している。

そして、最後にチャート③の5分足チャート（前ページ**図表2-4**）を検

証してみる。

戻り売りの意識が強い相場で、買ってもなかなか利食いできない状況が続いている。77円85銭レベルで売りたかった連中が残っていそうにみえる。

以上を総合的に考えていくと、大きなトレンドはドル売り。戻り売りの意識をもつ参加者が多くなりそうだが、売れていない人が多く、さらに下げる可能性が高い相場に見える。したがって、現時点の相場は先に挙げた場面のⒹに該当すると判断できる。

ドルを売りたいのに、まだ売れていない参加者が多いため、ドル売りで相場に参戦してくる投資家が、これから増えてくると予測できる。これから新

図表2-5　12月29日 7時以降の5分足の流れ

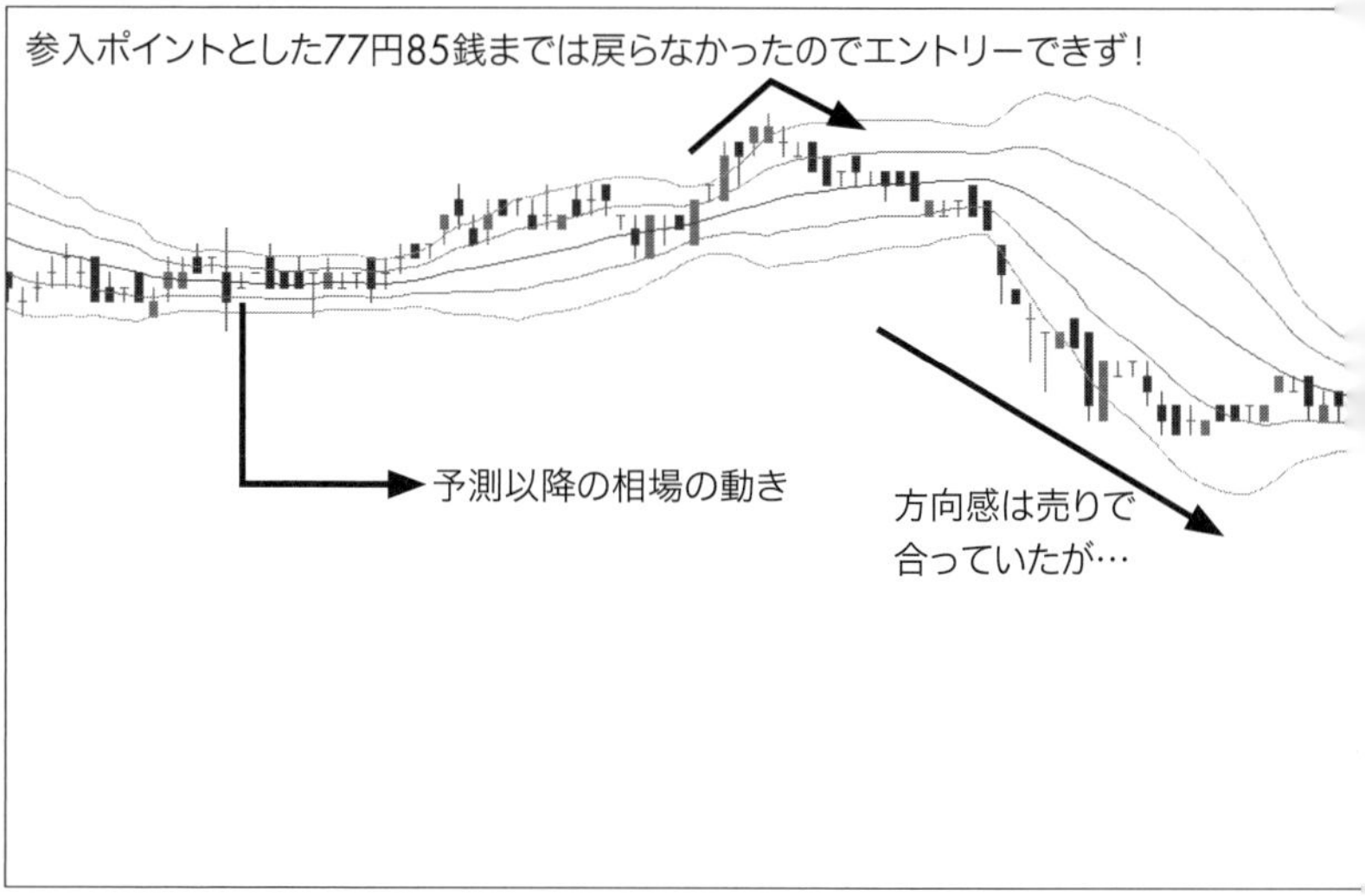
参入ポイントとした77円85銭までは戻らなかったのでエントリーできず！
予測以降の相場の動き
方向感は売りで
合っていたが…

規でドル売りのポジションをつくる投資家が増えれば、ドルが大きく上昇するリスクは少ない。結果、ドルはまだ下落するだろう、と考えられる。

ちなみに、当日の朝7時25分に書いた売買方針は「ドル円は上がる感じがしなくなってきました。78円台ミドルの実需の売りが最後に駆け込み的なクロス円の売りを誘い、また非常に重たいユーロドルとの関係からユーロ円が特に重たくなってドル円を圧迫しそうな雰囲気です。77・850で売りから参入、ストップを78・400に置きながら77・350で利食いをイメージします。」というものだった。

そして当日の相場は、結果として前ページの**図表2-5**のように動いたのである。結果としてみれば、この日は売買の方向感と利食いポイントはほぼ想定どおりだったものの、77円85銭までは戻らなかったため、ドル／円ではエントリーできなかったことになる。

実は私の場合、参入レベルが保守的で、ギリギリ届かないというケースがよくある。たとえば「80円55銭で売り」といった予測を出すと、80円40～45銭ぐらいで方向転換して下がっていってしまうといったケースである。これは顧客に売買方針を提案するという仕事柄、「思った水準より少し深めに推奨する」という染み付いてしまったクセなのだが、顧客のなかには、このクセを織り込んで付き合ってくれていた人も多い。

インターバンクでセールスをしていた頃の話だが、あるとき生保の課長さんと話していたら、「小林さんの予測レンジの手前で僕が２００本売ったから、届くわけないよ」と言われたことがある。「その２００本の注文はうちの銀行で受けてないよ！」と思ったものだが、長い付き合いだからたまにはそういうことがあるのもご愛嬌だ。それよりもむしろ、私の予測レンジの手前で注文を出しているということは、私の予測を信用してくれているということなので、内心としてはうれしい話であった。また、その後、私がレートを高めにずらさないと信じてくれたうえで利食いの一部をもち込んでくれたが（「買い戻したい」と明示して注文を出してくれた）、銀行と顧客という関係を越えて、ディーラー同士の心の触れ合いを感じた出来事であり、なつかしく思い出す。

心理戦で勝つための プロの発想法

ディーラーの心理状態は4つ

もう少し具体的に、それぞれの相場の局面において、ディーラーがどのような心理状態にあるのかを説明していこう。相場におけるディーラーの立場は、

①フォローのポジションをもっている
②ポジションをもっていないが順張りで入ろうとしている
③ポジションをもっていないが逆張りのタイミングを待っている
④アゲインストのポジションをもっている

の4つしかない。

以下では、「ドル買いの材料が出ている」という前提で、4つの立場のディーラーがそれぞれどういう心理状態にあるのかを考えてみる。

●フォローのポジションをもっている人

すでにドル買いのポジションをもっている人は、非常に余裕がある。それも、ドル買いの材料が出て、その相場がまだ若い段階であればなおのことだ。市場ポジションは、まだドル買いになっていないので、ここから大きくドルが反落する心配は少ない。相場の上昇が続く可能性が高いので、そのままドルの買いポジションをホールドできる。心理的にも、非常に余裕のある状態なので、他の参加者の立場を冷静に観察し、ドル買いに飛びついてきたら、自分の利食い売りをぶつけるべく、タイミングを見ている状態である。

●ポジションはもっていないが、これから買おうと考えている人

本来なら、もっと早めにドル買いの決断を下すべきだったと少し気がせいているはずだが、ここから入ってもまだ間に合う可能性が高いので、比較的冷静な状況にあ

る。ただ、新規でドル買いのポジションをつくってくる市場参加者によってドルが上昇するだけでなく、低い水準からドルを売っている市場参加者が、損失に耐えきれずに損切り（買戻し）した結果、ドルが踏み上げられるケースも想定されるので、そこで自分の利食い売りをぶつけられるようにするためには、とにかく少しでも早く、タイミングをみてドルの買いポジションをつくる必要がある。少しでも安く買おうなどという欲を出して、相場が深押す局面を待っていたりすると、結局は買うことができず、相場がどんどん上昇してしまうことになる。

一方、相場の水準がすでに若くないと考える段階にきたならば、今回のトレードは見送るという選択肢もあるので、あせりは禁物である。

●ポジションはもっていないが、これから売ろうと考えている人

相場が若くはなく、ドル買いでとれる利益はもうすでにあまりないと考えているため、逆張りにはなるが、反落の場面を売りでとろうと見極めている最中であり、比較的冷静な状況にある。ただ、新規でドル買いのポジションをつくってくる市場参加者によってドルが上昇するだけでなく、低い水準からドルを売っている市場参加者が、損失に耐えきれずに損切り（買戻し）した結果、ドルが踏み上げられるケースも想定

されるので、そこで売りポジションをもつために、相場に集中してタイミングを見極める必要がある。

一方、若くないと考えていた相場が続伸してきた場合、買いで入るべきではなかったかとあせりがちだが、そこから方針を変えると、往々にして素っ高値をつかみがちなので、迷いは禁物である。

●アゲインストのポジションをもっている人

目下、市場で注目されている材料はドル買いなのに対し、自分は売りでアゲインスト（逆風）のポジションになっているが、実需のドル売りが厚いとも言われているので、どこかで下げに転じるのではないかと期待している。ただ、仮にここからドルが下げたとしても、自分の売り値までは下がらない可能性が高いと考えているため、少しでも戻ってくれれば、損切りかドテン（ポジションを引っくり返す）に転じるきっかけにしたい。

こうなると、非常に苦しい心理状況に追い込まれてくる。まさに追いつめられてくるという感じだ。

「まだ、他の参加者はドルの売りポジションで頑張っているのか？」

「このショートポジションを切るとしたら、どの水準で切ろうか？」

「このまま自分の持ち値に戻るのを待っていても、傷が深くなるだけではないのか？」

「もう少し早めに買い戻しておくべきだったかもしれない」

「このまま大台が変わるまでポジションをもち続けてみようか。でも、それでマーケットのセンチメントが変わらなかったら、損失額がいま以上に膨らんでしまう。それもできれば避けたい」

「確かに、チャートはドル買いを指しているが、どうも買いたくない」

このように、さまざまな不安心理が、このディーラーの頭の中には去来し、ポジションを解消するまで葛藤を続けることとなる。

心理的に追い詰められている人を攻め立てよ！

さて、このように4つのパターンに分けて、それぞれのディーラーの心理状態を描いてみたが、いちばん注目すべきなのは、安値から売って追い詰められている人である。相場で儲けるためには、常にこの追い詰められている人が何を考え、どう行動するかを意識しながら、トレードすることがポイントである。

ドルの売りポジションをもっているものの、相場はドル買いに転じている。結果、損切りするか、どうするかで心が揺れ動いている。前述の場面でドルの売りポジションをもってしまっているディーラーは、心理的に非常に追い詰められた状況になっている。

一方、ドル買いのポジションを早期につくったディーラーは、利食いを楽しみにしながら相場の動きを眺めることができる。利食いの指値を入れて少しずつ売り上がっていったり、売りの指値レートを引き上げながらポジションを引っぱり、利益の極大化を狙ったりすることも可能だ。

まさにディーラーとしては至福のときといってもよいだろう。

とはいえ、いつまでも至福のときを楽しんでいてはいけない。追い詰められた人たちの損切りの買いで相場が最後の急騰をみせたときには、冷静にその場から立ち去らなければならない。このような損切りが出ているときが、まさに利食いをぶつけるチャンスだからだ。相場の水準が高いかどうかを気にせずに目をつぶって買ってくれるのは、損切りの買いをおいてほかにはない。

逆に、アゲインストの状態に置かれていたディーラーがポジションを投げてしまえば、この動きがずっと続くこともない。損切りの買戻しが一段落すれば、市場に買いたい人はいなくなる一方、自分と同じように、それまで余裕の気持ちで相場を眺めていた、早期のドルの買いポジションをつくっていたディーラーが、一気に利食いの売りを出してくる。したがって、利食いのタイミングを高みから見物できる立場になったならば、「どの水準を超えてきたら追い詰められている人たちのロスカットが出てくる可能性が高いのか」を、常に考えておかなければならない。

その水準については、チャートで見つけることができる。この水準の置き方については第3章で解説するが、インターバンクのディーラーであれば大体同じようなチャートを見て、損切りを考えるケースが多いため、結果的に同じような水準に、損切りオーダーが集中する傾向がある。そして、そこが相場の区切りになる。

そのポイントを感じ取ることができれば、より有利な利食いが可能になる。

利食いの方法は、売り上がりで少しずつ行なうという方法でも問題ないが、損切りが一段落し、相場が反転し始めたら、一気に残りのポジションをまとめて利食わなければならない。当然、指値ではなく成行きで売るのが基本だ。売り損なうと、せっかくの勝ち戦なのに後味が悪くなり、今後のトレードにも悪い影響を与えるからだ。

インターバンクの取引作法

The misfortune of others is taste of honey

ポジションの8割をまずは利食う

少し利が乗って推移しているときに、さらに利を伸ばせるのか、それともやめるのかはむずかしい問題だ。

私ならどうするか。たとえば10万ドル売っていて、朝予測した利食いポイントに近いけれど、そこまではなかなか行かないというときに、私なら7割から8割を利食う。

8万ドルを買い戻した後、揉み合ったのちに、自分が朝思ったとおりさらにそこからグググッと下がっていったならば、「さっき利食っちゃったよ、残念」という気持ちではなく、「まだ2万ドルショートをもっている」と考えられる。もし、そこからさらに下がると思えば、新規でもう一回5万ドル売ればよい。すると、まだもっている2万ドルがあるから、これを新たに売った5万ドルと足してポジションを考えれば、2万ドルに利が乗っている分、現在のレベルよりもアベレージコストを高くすることができ、その7万ドルのポジションを少しは余裕をもって見ることができる。

そして、その7万ドルの売りポジションについては、ブレイクイーブン（平均持ち値）のところまで戻ってきたらすべて手仕舞うのがコツだ。

ここを踏ん張って、最初に利食った8万ドルの収益まで使ってしまってはダメだ。8万ドルについてはそのためにさっさと益出しをして懐に入れたのである。そして、その後新たにもったポジションは、残りの2万ドルの収益を使ってさらに利益を伸ばそうとしたわけだから、それが伸びないのであればキッチリとやめなければならない。

このように、いったん利食った後で、またポジションを建てるのは、頭でわかっていてもなかなかできないことが多い。

なぜなら、自分がいったん利食ったレートよりも低い（買いの場合であれば、高い）レートでさらに叩かなければならないからだ。しかし、「まだ行くの？　怖いなあ」というところから、もう一段売って買い方を殺すのが、本当にうまいインターバンクのディーラーのやり口なのだ。5分足チャートでいえば、大きな陰線が3本ぐらいついたあと、一段落したようにみえて途中で揉んでいるときというのは、こうした利食いに加えて、逆張りの買いも入ってきているときだ。その逆張りの買いをインターバンクのディーラーは殺しにいくのである。したがって、そのような場面に遭遇したならば、うまい連中の背中に乗っかって利乗せの順張りをしてみるべきだ。

なお、ドル円の動きでいえば、このような動きは売りの場合に多い。上がるときにはじわじわ上がって、落ちるときは急落すると考えておくとよい。

損切りしたならドテンしろ

どのトレードにおいても、ポジションをとってすぐに利が乗ってくればいうことはないが、そううまくいくわけではない。ポジションをとったあとで、じわじわと想定とは違う動きとなり、損切りに追い込まれそうなときにどうするか。

こういうときは、できれば、ストップがつく前に自分で損切ったほうがよい。何かのニュースが出た瞬間にストップがつきましたというなら逃げようがないが、そうではなく、じわじわストップまで上がるなと思うのであれば、そこまで待たずに自分で損切りしたほうがよい。

ここで大切なことは、切るだけではなくて倍返しでドテンすることだ。そうすると、少しでもやられた分を減らすことができる。

なぜ、そういえるのか。それは、たとえば売っていたポジションを損切りして買い戻すときに、本当にピンポイントの高値で損切りするほうがむずかしいからだ。本当の高値で買い戻さない限りは、倍返ししたあとでプラスになる時間帯が必ずあるから、多少なりとも損失分を減らすことができる。

インターバンクのディーラーのなかには、倍返しといわず、3倍返しをよくやる人がいた。私自身も先輩からそのように教えられた。

もともと自分は売りだと思って売ったにもかかわらずやられて損切ったわけだから、自分の頭の中は買いに傾いていないケースが多い。すると、取りあえず損切りして撤退するけれど、できればもう1回売りたいという意識が頭にあるのが普通だ。この状態では、なかなか買いに転じることはできない。

だから、損切るときは、ロスを固めるだけではなく、同時に、機械的にドテンして、うまく逃げる算段を取ることを習慣にしてしまったほうがいい。

たとえば、10万ドル売っていて30銭やられて損切ることとしたならば、途中でドテンして30万ドル買うのである。

たとえば今日、自分はショートを振る予定である。マーケットも多分、今日はショートの日だろう。理由は、昨日からの動きを分析して朝考えたとおりだ。そして、自分が想定していたポイントに達したので10万ドル売ってみた。しかし、売ったけれども全然下がらない。俺と同じように考えている連中はみな売っているだろうけれど、全然下がらない。

なぜだ？　実需の輸入業者が買っているのか、それとも前の日に売ったファンドがダメだということで買い戻しているのか。よくわからないけれど、とにかく下がらない。この状態だと、自分よりもコストの悪いショートは昨日の夜から残っているだろう。そいつらがすでにビッド（買い指し値）している可能性が強い。となると、自分が今日売った玉を利食えるチャンスは少ない。黙っていれば、時間とともにさらに上げられて、想定している損切りがついてしまうかもしれない——。こう判断するような流れであれば、損切りポイントを待たずに一刻も早く自分のショートを切って、ポジションをひっくり返すために30万ドル買ってみる。

すると今度は、ポジションとしては20万ドルの買いとなる。現状、30銭×10万ドルで3万円やられていることになるが、いまは20万ドルの買いだからさらに15銭上がればチャラで逃げることができる。こうした場合、相場の動きとしては、やられた全額分上がるというのはきついが、10銭ぐらいは取り戻せるものだ。そうすれば、3万円のやられのうち2万円は取り返して、今回のトレードでの損失は1万円で済むことになる。

そこまでいかなくとも、5銭ぐらいは必ずそのまま進むことが多いというのは、トレードをしている方であれば経験があると思う。とくにプロの場合は、見切りが早いので、やられて損切ると、大抵はそのまま進むことが多い。

したがって、そこでドテンすれば多少なりとも取り戻すことができるのだが、実際にはそれができないのは、先ほども触れたように、主として気持ちの問題なのである。だとしたら、機械的にドテンを入れておくことを習慣にしたほうがよい。もちろん、自分がポジションをもったところがピークで、ドテンが裏目となって往復ビンタを食らうこともあるので、ドテンした場合には、少しでも危ないと思ったら、すぐにやめなければならない。

「打診売買」には効用がある

自分で予測を立てた後、自分が想定している指値のレートまでは行ってないけれども、値動きを見ていて、打診で売ったり買ったりしてみるということを、私の場合はよくしてみる。これは想定した動きが待ちきれずに拙速に行動するということではなく、想定した動きになるかどうかを感じるために行なうのである。

たとえば、自分が今日は買いの日だと考えているとする。しかし、レートは自分が想定しているところまで下がらない。下がらないけど、5分足チャートを見ていると、揉み合いを続けながら、じわじわと下値を切り上げている。自分が朝までに分析したところでは、マーケットも昨日からショートに傾いているようだ。

こういう場合に、では何をするかというと、自分が当初つくりたいと考えていたポジションの三分の一ぐらいを打診買いしてみてもいい。

打診買いのタイミングは、押し目があればそこで買う。そうではなく、途中で揉み合っていてどちらに動くかわからないときには、動き出すなと判断できたら買えばよい。たとえば、5分足チャートで下値が徐々に切り上がるとか、第3章で解説する144本移動平均線を越えてきたタイミングか、もしくは抜けて最初の押し目がこのラインを割り込まないようなら買ってみる。

なぜ打診買いや打診売りをしてみるかといえば、トレードでいちばん悔しいのは、自分の方向感は正しいけれども、ポジションができずに終わったというケースだからだ。だとしたら、自分が想定する指値まではこなくとも、途中のセンチメントを見ながら、とりあえずエントリーしてみて、少しの値幅でも取れればいいじゃないかという発想である。

実はこれを行なうことによって、結果としてよいトレードにつなげることができるケースが多い。打診買いや打診売りのポジションをもったことで、心地いいと感じるか、感触が悪いと感じるかにより、前々項で触れた利乗せや前項で触れたドテンにつなげていけることがあるからである。

インターバンクのディーラーの場合、こうして「常にポジションをもちながらチェンジマインドする」ことによって、勝ちトレードを重ねていくというやり方も多いのである。

値動きから相場の強弱を感じる方法

前項で、インターバンクのディーラーの場合、ポジションをもってから、心地いいとか悪いという感触を得てチェンジマインドすると書いたが、その実態についてもう少し詳しく説明しておこう。ただし、これはみなさんがみているFX会社のトレード画面に出ている為替レートの動きからだけではなかなか判断できないことなので、あくまで参考にとどめておいていただきたい。

実はFX会社のトレード画面に出ている為替レートというのは、インターバンクで取引されている本当の出合いレートではなく、銀行からもらっているレートにすぎない。一方、インターバンクのディーラーが見ている為替レートというのは、EBSを通じた本当の出合いのレートである。EBSというのは、Electronic Broking Systemの略で、1993年に複数の世界大手の外為マーケットメーカーによって設立されたEBS社の電子ブローキングシステムのことである。

このEBSで見ることができるレートというのは、本当の売買の様子をダイレクトに反映しているという点で、株式の取引でいうところの、いわゆる板に近い情報を得ることができる。

たとえば、80・48－50で48が売られた瞬間に、次のレートとして47－49が入ったにもかかわらず、誰も49を買わないうちに47が売られて45－48になったとする。ここで47の売りが入って45－47になったのに誰も47を買ってこないで45が売られたという動きになったとしたら、市場にはよほど売りたいと焦っている人がいるとわかる。なぜなら、80・48－50のときに、48を売らないで49の売りを入れた人がいるにもかかわらず、49の売りを入れた人間ではない人が47を売ったということだからだ。

一方、80・45－48のときに、45を売らずに47のオファーを入れたということは、少しでも高く売りたいと思っている人も一方にいることになる。たぶんこのディーラーは、50よりも上で逆に打ち込まれてロングをつくらされて、それを損切りしたいけれども、少しでも高いレートで損切りたいから45のビッドを叩かずに47のオファーを置いているということが想像できるわけだ。

ところが、こういう値動きをしていると、インターバンクのディーラーたちは「上で捕まって逃げようとしているやつがいるぞ」ということを感じて、45を売ってあわてさせてみる行動をとる人が出てくる。その心情は、「おまえはどこまで行ったらポジションを投げるんだ?」ということだ。45を潰したらおまえは43を叩いてくるのか、40まで全部売りをかけたら、38であきらめて損切るのか、という心理戦をやっているのである。

50よりも上でロングをつくらされているディーラーとしては、48－50になった時点で、48で売って倍返しのドテン売りはなかなかできるものではない。かといって50にオファーを置いていても誰も買ってくれないから、49でオファーを入れる。逆にいえば、こういう場面で49にオファーを入れたということは、48を売る意思がないということになる。それを市場で察知されると、48を誰かに叩かれる。そこで「48

を売っときゃよかった」とばかりにオファーを48に下げると、47の買いも誰かに叩かれる。そして、どこか耐えられないレベルまで行ったら、諦めて切らざるを得ないということになる。

実際には、レートだけではなく、取引の本数の問題もあるから、駆け引きはもっと複雑になる。

たとえば、A銀行のディーラーが80・50より上で100本買わされたとする。ヤバイと思ったA銀行のディーラーは、B銀行のディーラーにドル円100本のプライスを取りにいく（売り値と買い値を提示してもらう）。プライスを取りにいく時点では、A銀行が買いたいのか売りたいのかは、B銀行にはわからない。

この場合、B銀行のディーラーの対応法としては、どうしたらよいか。B銀行の相場感がドル売りのとき、A銀行が売ってくるのではないかと思えば、たとえばマーケットが50－52で10本しかないときに、48－50というプライスを出す。マーケットは50－52だから、もしもA銀行が買いたいのであれば、マーケットで売れる値段で100本揃うのであれば、喜んで買うだろう。

実際にはA銀行のディーラーは売りたいわけであるから、マイン（買った）とはならない。そして当然のことながら、マーケットよりも2銭も安い48では売りたくないのであるが、この状況では、その値段で仕方なく売らざるを得ないことになるのである。

この裏にはＢ銀行のディーラーとの心理戦の駆け引きがある。

まず、48－50というプライスをＡ銀行が断われば、Ｂ銀行にはＡ銀行が１００本を売りに来たということがすぐわかってしまう。買いたいのであれば、マーケットが50－52だから、Ｂ銀行の市場レートより２銭安い48－50を買わないわけがないからだ。

そして、Ａ銀行にとっては、売りたいということがＢ銀行にばれた瞬間に、マーケットのビッドは48までＢ銀行にすべて売られてしまうことになる。

したがって、Ａ銀行としては、最初に「売ってくるのではないか」と読まれてプライスをずらして出された時点で、すでに負けていたともいえる。「おみそれしました。結構です。48でお願いします」というしかないのである。なぜなら、Ｂ銀行に全部打たれるのを覚悟してナッシングといえば48でも１００本売れなくなってしまうことは明らかなのだから。

これが為替レートの動きの背後にあるインターバンク同士でレートの駆け引きというものだ。みなさんも相場の値動きの背景にはこういう戦いがあるということを知っておくと面白いだろう。

常に冷静かつ客観的でいること

「第三者の眼」で相場を見ることを意識する

相場で大事なことは、常にこのような市場参加者たちの立場を考えながら、それを客観的な視点に立って冷静に眺め、判断を下せているかどうかだ。

言い換えると、当事者ではなく第三者的な眼で、冷静に相場を見つめることができているかどうかということだ。とくにポジションをもっている場合、自分のポジションに対して思い入れが強過ぎると、そのポジションが間違っているのにもかかわらず、なかなか切れないという状態に陥ってしまう。

それを避けるためには、自分のポジションを、都合よく解釈するのではなく、あくまでも相場の流れから、インターバンクのポジションの傾き、平均コストなどを推定し、いまのポジションをそのままもち続けたほうがよいのか、それともすぐに切って、ひっくり返したほうが得なのか、ということを冷静に判断することだ。

自分以外の市場参加者がいま、何をやりたがっているのか、果たしてそれができたのかどうかということを考えるのが大事だと先にも説明したが、そうしたことも含めて、ポジションをもったら、常にそのポジションをもち続けることが正しいのかどうかということを、自問自答する必要がある。

そして、自問自答をするにあたっては、判断材料がなるべく多いほうがよい。たくさんの材料を集め、さまざまな角度から検証すること。そして、ポジショントークに陥っていないかどうかということも、必ずチェックすることが肝心だ。ちなみにポジショントークとは、自分がもっているポジションに有利な材料だけを取り上げ、不利な材料は無視して判断を下すことを意味している。

熱くなったら相場で勝つことはできない。また、希望的観測だけで勝つこともできない。冷静に判断し、傷が浅いうちに撤退することができなければ、なかなか収益は残らないものだ。

すべてのトレードに勝つのは不可能だが、傷が浅いうちに撤退する、すなわち大きく負けないようにすることは、コツをつかめば誰にでもできる。つまり、勝つことよりも、負けないトレードの手法を身につけることによって、収益を積み重ねていくことが可能になるのである。その具体的な方法については、第4章のリスク管理の項で解説する。

経験から身に付く「テクニ勘」も重要

チャートを見ていて、いかにも上がりそう、もしくはどう見ても下がりそう、というように、わかりやすい相場の場合は、そのままチャートを信じて、素直に売ったり買ったりすればよいのだが、チャートはほとんど動いていないのに、どうも嫌な気がするといった第六感（シックスセンス）が働くことがある。とくに、トレードの経験が豊富で、相場と対峙している時間が長いプロの場合、この第六感が、勝ち負けに大きな影響を及ぼすことがある。

実際、私がディーラーをやっていた頃も、チャートが指し示す方向性とは別に、どうもこのポジションをもっているとよくないことが起こるのではないか、というひらめきが危機から救ってくれたことがある。

こうした感覚＝勘は、チャートを理解することから磨かれてくるので、これを私は「テクニ勘」と称している。テクニカルに裏打ちされた勘という意味だ。つまり、この手の勘を磨くためには、チャートをしっかり理解する必要がある。

私がディーラーになりたてのころ、同じディーリングデスクの一角に、伝説的なディーラーの先輩がいた。この人がとても変わっていて、売り買いの判断を下す際には、じっと目をつぶり、ひたすらスピーカーから流れてくる「ブローカーがトレード状況を伝える声」に聞き入っている。その間、さまざまなチャートを見るようなことは、ほとんどしない。そして、ある時点から唐突に、売り買いを開始するのだ。

その先輩がある日、「どうも相場が急落するような気がするのだが、どうだ？」と聞いてきたので、私はチャート分析を用いて一通りの説明をした。それに対して先輩から返ってきた言葉は、「どうも、このロイターの左側がもやもやしているのだが……」という訳のわからないものだった。おそらく、自分が直感的に感じたことを、いちいち説明するのが面倒だったのだとは思うが、これがまさに第六感なのだろうといまにして思う。

「テクニ勘」を身に付けるためには？

相場と対峙している時間が圧倒的に長いディーラーは、過去の相場の動きを事細かく覚えているものだ。そして、いまの相場が、その過去の相場のチャートと相似形になったとき、何らかのアラームが鳴り響くのだろう。過去、自分自身が相場の暴落や暴騰を経験していると、それが直感力を鍛えることになるのだ。

「テクニ勘」というのは、まさにこのように、過去の取引をチャートという形で記憶していて、それがあるとき、ふと脳裡に蘇り、ある種の警報を鳴り響かせることと考えてよいだろう。そして、これが鋭いディーラーほど、大きくやられそうな相場展開のときにも、危険察知能力が働いて、大きな損失を被る前に逃げていることが多い。

私自身も、この手の経験が何度となくある。

かつてフォワードといって、先物のディーラーを担当していたとき、これといった理由がないのに、自分がもっていたポジションを、何が何でも今日中に手仕舞いしなければならないという思いに駆られたことがあった。

実際、手持ちのポジションは全額クローズした。

その当時は、どのような相場展開の下でも、常にポジションを抱えていたので、周りの人たちから「どうしたんだ？」と聞かれたが、自分でも明確な理由がわからないので、説明のしようがない。しかも、その日のロンドン市場では、自分のもっているポジションにとってプラスの動きになっていた。それでも突然、すべてのポジションを閉じたのだから、周りの人間が訝しく思うのも当然だろう。

しかし、ロンドン市場を引き継いでスタートしたニューヨーク市場で、その日、何が起こったのかというと、あの歴史的な株価暴落である、「ブラックマンデー」だった。確かに、それまでのマーケットが過熱していたのは事実だが、誰も、大暴落がいつくるのかはわからない。私の場合は、たまたま何かのレートの出合い方が気に入らず、もっているポジションを全額手仕舞うことになったが、それもまさにたまたま勘が働いたからに過ぎない。

ただ、その勘を磨くことはできると思う。「テクニ勘」は、単なる勘ではなく、膨大な過去のトレードをパターン認識化し、現実の相場が、こうした過去の相場のパターンと相似形になっているかどうかということを、自分の頭のなかで繰り返し検証することで磨かれるものだと考えている。

つまり経験が物をいう。したがって、「テクニ勘」を磨くためには、相場の数をこなすしかない。これがいちばんの近道だ。

そのためにはまず、相場と向き合う時間を多くつくること。できるだけ相場と向き合い、チャートが語りかけてくる信号を見逃さないようにすることだ。そのためには、日々のトレードについて、トレード・ノートを付けるようにするのもいいだろう。

そうすることによって、どのような相場のときに、何を考えてどのようなポジションをつくったのかという経験が積み重ねられる。そのとき、テクニカルはどうだったのか。こういったことをノートに記入して、いつでも振り返ることができるようにしておく。できれば、チャートのプリントアウトも残しておいたほうがよいだろう。とくに、上手くいったトレードよりも、失敗したトレードの記録のほうが、後々の自分にとって役に立つはずだ。

次に、チャートが示す参入水準を素直に受け入れてトレードするとともに、そのテクニカルどおりに動かなかった場合については、それもできるだけ細かく、プリントアウトしたチャートに書きこんで、残しておくようにする。そうすれば、チャートでは語られなかった、別な変化の兆候に気付くかもしれない。チャートでは及ばない部分を経験で補っていくのが、「テクニ勘」なのだ。

第3章 THE MISFORTUNE OF OTHERS IS TASTE OF HONEY

これがNo.1ディーラーの相場予測法だ!

毎日の売買の方向と想定レンジを予測するための基本動作

毎朝「本日の参入レベル」をつくる

私はJFXで取引している顧客を対象にして毎朝、売買方針（「本日の参入レベル」）を発信している（**図表3-1**）。インターバンクのディーラーだったころにクライアントに対して送っていたものと同様の相場予測をつくっているのである。

その売買方針では、日本時間の朝から欧州時間が始まるぐらいまでの値動きをターゲットに、「その日のスタンスは売りか買いか」という方向感に加え、参入ポイントと利食いポイントを明らかにしている。その結果、毎日、予測とその結果を採点され

図表3-1　毎日の売買方針（「本日の参入レベル」）の画面

短期売買方針　本日の参入レベル：2012/01/31

通貨ペア	方針	参入レベル	利食い	損切り
米ドル/円	売り	76.550	76.100	77.100
ユーロ/米ドル	売り	1.31750	1.30750	1.32300
ユーロ/円	売り	100.600	99.750	101.250
ポンド/円	売り	120.150	119.350	120.700
豪ドル/円	売り	81.050	80.250	81.550
NZドル/円	売り	62.800	62.000	63.350

【一言コメント】

ドル円は77円台どころか、76.500から76.700が重たくなってしまいました。77.500レベルから売りオーダーが下がってくるイメージが強く、やはり方針は売りから。
76.550で売り先行。77.100にストップを置きながら76.100以下75.850にかけて利食いする方針。
作成時　76.360-380　7：29AM

ユーロドルは時間足の雲を横抜けする可能性が高く、再び雲に入っても1.31770ぐらいが雲の上限となるため、1.32000は遠く感じる。引き付けて売りから。ギリシャの債務交渉はまとまりそうに見えながら、なかなか決着しない可能性が高いように感じるがどうだろうか。
1.31750で売りから参入する。ストップを1.32300に置きながら、1.30850以下、1.30500ゾーンで利食いを狙ってみたい。
作成時　1.31392-406　7：44AM

ユーロ円は100.550、100.750が重たく見えていて、戻り売りから参入する。101.250でストップを置き利食いは99.750、99.600ゾーンで。
作成時　100.349-369　7：54AM

ポンド円は引き付けて戻り売り方針。120.100、120.250で売りから。ストップを120.700に置きながら、119.500割れ、119.150にかけて利食いのイメージとしたい。
作成時　119.932-954　8：11AM

豪ドル円は81.050、81.150でまずは売りから参入する。81.550にストップを置きながら、80.550割れ、80.250で利食いする売り回転をイメージしました。
作成時　80.863-877　8：18AM

ニュージー円は62.700、62.800ゾーンで売り先行。ストップを63.350に置きながら62.150割れ、61.800にかけて利食いを狙ってみたい。
作成時　62.530-549　8：26AM

［一言コメントを再表示］［売買方針の見方を表示］

※このレポートは情報提供を目的とし、投資の断定的判断を促すものではありません。お取引における最終的な判断は、お客様自身で行うようにしてください。この情報により生じる一切の損害について、当社は責任を負いません。本レポート中の意見等が今後修正・変更されても、当社はこれを通知する義務を負いません。著作権は当社に帰属し、無断転載を禁じます。

る立場に身を置いているというわけだ。

そして、少し自慢めいた話になってしまうが、そこで書いている見通しが大筋を外していないということで、非常に役に立つという評価をいただいている。過去1年間の戦績については**巻末のデータ**として掲載したので、参考にしていただきたい。

個人投資家がデイトレードをする場合、朝の時点でこうした明確な方針が出ていると、少なくとも迷いなくエントリー、利食い、損切りを行なうことができるから、トレードを積み重ねていくうえでは非常に有利だと思う。

ここからは、日々のこういった明確な戦略をどういうプロセスを経て構築するのかについて解説していく。まずは全体の流れを簡単に説明しよう。

予測の手順【その1】 チャートとニュースを付き合わせる

まず行なうことは、

- **前日に為替レートを動かすようなニュースや要人発言があったかどうか**
- **インターバンクの出合いレートでの高値、安値を把握すること**

である。

高値と安値については、たとえば「数カ月ぶりの」といったものを一応チェックしておく必要がある。その数値を抜いた場合にトレンドが変化することもあるので、トレンドの方向性を明確に意識するためにチェックを行なう。

そのうえで、最初に見るのは日足チャートだ。日足チャートといってもローソク足に、テクニカル分析指標として、９日、21日、90日、２００日の移動平均線と、21日のボリンジャーバンド、一目均衡表を加えたものである。

日足チャートを見る目的は、いまのマーケットの方向性が上昇トレンドなのか、下降トレンドなのかを見極めるためだ。といっても、ここではそれほどむずかしい解析をするわけではなく、「ぱっと見た印象」で考えれば十分である。

ぱっと見た印象として、全体的な流れは横ばいか下だなという気がすれば、日足の流れとしては下降トレンドだなと判断する。そして、この日の売買方針としては、売りなのか買いなのかという大枠をつくることになる。

逆に全体的な流れが横ばいか上だということであれば、その日の売買方針としては、買いから入りたいという大枠をつくることになる。

まずはこれが基本だ。

次に見るのが、1時間足と5分足チャートだ。

詳しくは後述するが、これについても、できればその前々日ぐらいからの流れについて、値動きとニュースなどを合わせながら追いかけていく。

やり方としてはまず、時間帯ごとにニュースや要人の発言、経済指標をチェックし、そのなかで必要のあるものに線を引いていく。これを行ないながら、たとえばコメントがこう出た、経済指標がこう出た、それで相場が動いたのか動いてないのか、についてチェックをする。相場が動いた時間帯とニュースや要人の発言、経済指標に関連性があるのかないのかをまず見るわけだ。

ちなみにこの際、本来であればもっと反応をしなければならないのではないか、といったことについても考えておく。この心の準備があるかないかにより、後々の対応における余裕が異なってくるからだ。

それはさておき、まずはこのように、値動きとニュースや要人の発言、経済指標などを合わせながら追いかけていくことによって、次項で触れる「ポジションの傾き」が見えてくることになる。

予測の手順【その2】 ポジションの傾きをみる

前項では、日足を見た印象が下げであれば売り、上げであれば買いと書いたが、実際には、日足では下げなのに、その日は買い、日足では上げなのに、その日は売りというケースもある。

なぜ、このようなケースがあるかといえば、ニュースとチャートを付き合わせることによって、「ポジションがどちらに傾いているのか」という点を考えるからだ。

たとえば、下降トレンドに入る前に大量につくられたドルのロングポジションがいままさに逃げようとして下げている動きなのかとか、ドルのショートがそれなりに溜まっていて、それをカバーしようとして反発する可能性があるのかどうかといったことを考えるのが「ポジションがどちらに傾いているのか」ということである。

その結果、日中のデイトレとしては「下降トレンドにおけるアヤの買い」を狙うケースや、逆に「上昇トレンドにおけるアヤの売り」を狙うケースも出てくる。

すなわち、日々のデイトレの戦術としては、まずは日足を見て基本トレンドがどちらなのかを考え、その後でデイトレの時間タームで取引することを前提として、ポジションの傾きがあるのかどうかにより、素直に基本トレンドどおりにするか、アヤ狙いのトレードをするかを決めることになる。

たとえば、私が売買方針として「92・87でNY安値を付けて反発しましたが、93・20にも届かずに上値が重たい展開…」というふうに書いているとする。

これはどういうことかというと、「安値をつけて反発したのになかなかドルが上昇しないのは、まだ買いポジションを売り切れていない連中がマーケットにたくさん残っていて、そこからの売り物が出てきている」ということだ。そして、売り切れていない連中による売り圧力でドルがさらに下がってきたら、今度は反発をみて買い持ちにしている別な投資家が損切りを出してくる可能性も浮上してくるということを読み取ることもできる。為替レートの動きを、このように売り玉と買い玉の動的なバランスから説明していくのが、ポジションの傾きに着目するということなのである。

このポジションの傾きを判断する際には、別に私がインターバンクの友人たちに電話をかけてきいているわけではなく、後で詳しく解説するように、1時間足や5分足のチャートの値動きをみながら、取引参加者の心中を想像して判断することになる。

以下では、ここで概説した全体の流れのなかの個々の部分について、どのようなことを行なうのかということをさらに詳しく解説してみる。

ノウハウを大きく4つに分け、「ニュースと要人発言のとらえ方」「デイトレにとって重要な経済指標への対応法」「チャートと想像力でポジションの傾きを読む」「オプション取引による特有の動きを活用する」という順に説明していくので、参考にしていただきたい。

ニュースと要人発言のとらえ方

The misfortune of others is taste of honey

チャートを材料と組み合わせてみる

チャートの値動きには相場に影響を与えるニュースや経済指標の発表、要人発言が織り込まれている。したがって、その値動きを追っていくときには、その動きのきっかけとなったニュースや経済指標の発表、要人発言などと組み合わせていくことが大切だ。

日本時間の朝、東京市場がオープンする前に、前日のニューヨーク市場において、どのような要人発言が出たのかということは、きちっと把握しておくべきだろう。

とくに、自分が寝ている時間帯に大きく取引されている通貨、たとえばドル、ユーロ、そして英ポンドに関する要人発言がなかったのか、それともあったのかということくらいは、事前に調べておくことが大切だ。

ちなみに円については、夜中に要人発言によって相場に動きが出てくるケースはほとんどないため、朝の時点では調べる必要はない。

実際、どの程度、要人発言が為替レートに影響を及ぼすのか。

事例として挙げた次ページの**図表3－2**は２０１１年8月3日の5分足だ。事例としては少し古くなるが、東日本大震災後の協調介入の効果もすべて帳消しとなり、再びドル／円相場が76円台に突入し、新たなドル売り介入が行なわれるかどうかにマーケットの関心が集まるなかで、要人発言によって相場がわかりやすく動いた例として取り上げてみた。

この日、16時10分、当時の野田財務大臣が「為替介入する以上は、効果が最大限出るよう最善を尽くす」と語ったことが伝わったその瞬間の動きである。語った内容としてはとくに緊急のものではなかったが、ドル／円相場が東日本大震災後の高値に近づくほど、マーケットのポジションが売りに傾いていただけに、瞬時に反応が起こっている。

ただし、発言の内容としてはそれほどインパクトがあるものではなかったため、値動きとしてはこれまでのレンジの上限で止まり、さらに発言後、しばらくのあいだに失望売り、損切りの売りを伴って、発言前の水準を下回るところまでドルが売られることとなっている（ちなみに、この翌日である8月4日の9時に為替介入が行なわれることになる）。

一方、こうした要人発言があったにもかかわらず、思ったよりも相場が動かないということがある。

それはなぜなのか。こうした疑問が浮かんだら、次はマーケットのポジションがどうなっているのかというとこ

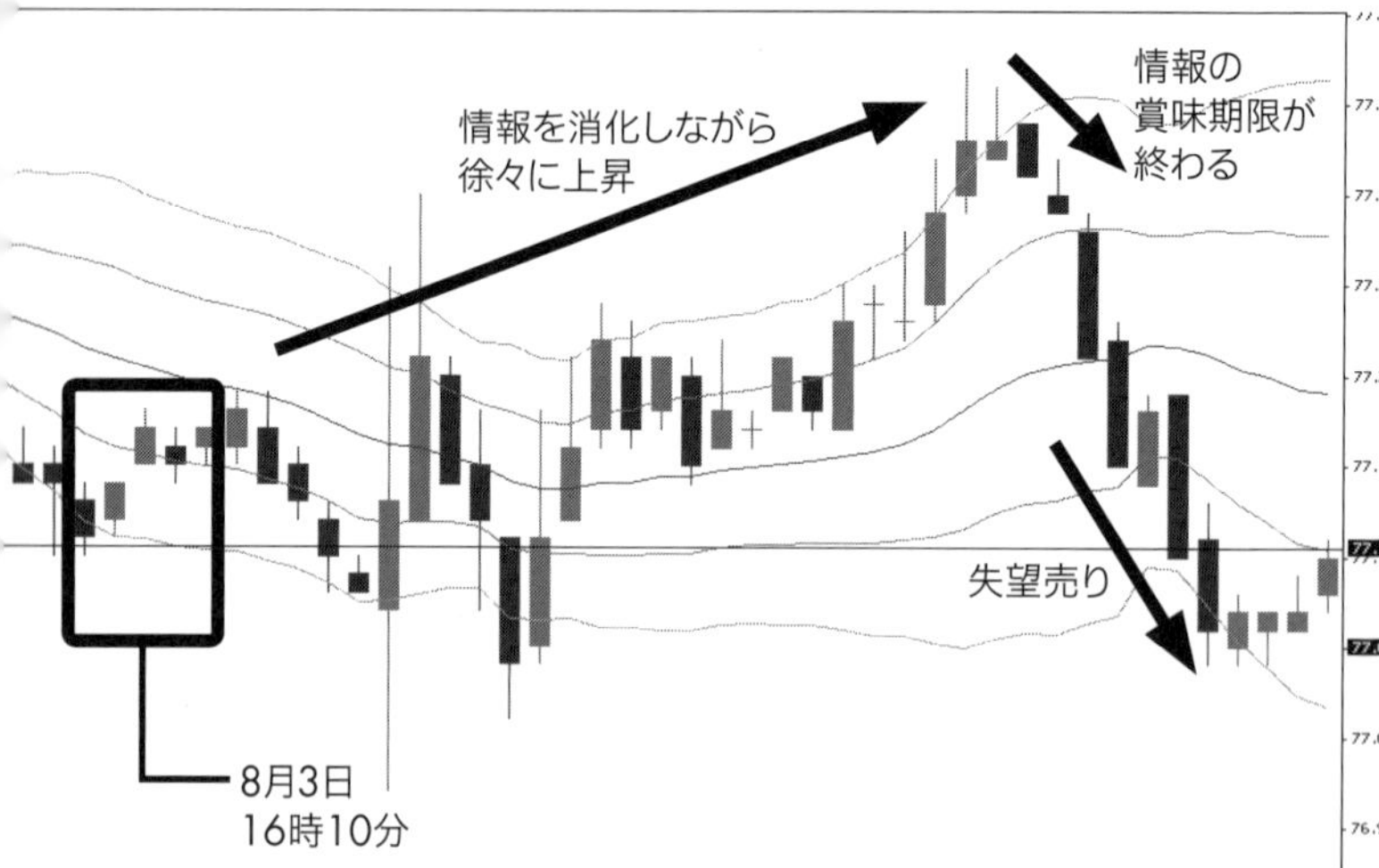

ろを考えるようにする。市場参加者は、こうしたマーケットの動きのなかでポジションをつくることができたのかどうか。つくったとしたら、前述の要人発言を受けて、ハッピーだったのかどうか。そして結果的に、つくったポジションを利食うことができたのかどうか。利食うことができずに持ち続けているのかどうか。このようにイマジネーションを拡げていくと、徐々にいまのポジションがどちらに傾いているのかが見えてくる。

短期のチャートと要人の発言を合わせ見れば、どこでどういうポジションがつくられ、それがどうなったのかということが、おおまかに推測できる。

図表3-2　要人発言と相場の動き（ドル／円5分足チャート）

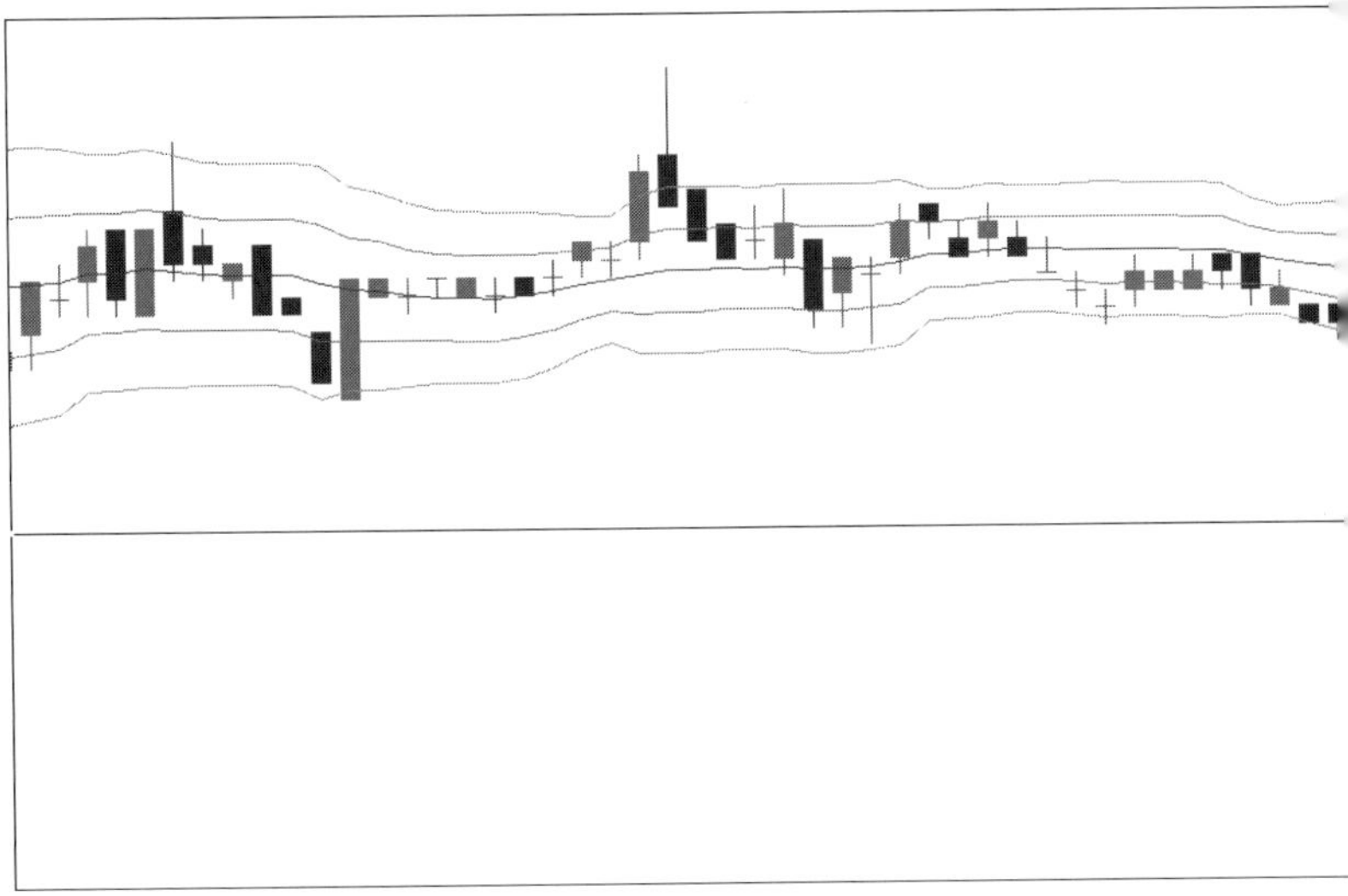

その推測ができれば、市場参加者のアベレージコストが見えてくる。そこまでくれば、後はどのあたりの水準で利食いや損切りが入るかということも、おぼろげに見えてくるはずだ。

ちなみに、第1章で書いたように、私の感覚でいうと、ドル／円でデイトレードをするにあたって、1回の売買で狙える利益幅は35銭くらいだ。逆に、損失については40銭幅あたりで損切りの動きが生じてくる。アベレージコストに対して、35銭幅の利益が生じてくれば、そろそろ利食いの反対売買が出てくるし、40銭幅の損失が生じてくれば、そこで損切りの反対売買が出てくる。

要人の発言やニュースについては、このような感覚で考えながら、チャートに現れた値動きと合わせて見る癖を付けておくとよい。

要人発言はその裏も読もう

要人発言は時系列にそって、誰が何を言ったのかをチェックしていく必要があるが、それとともに、発言内容を読みながら、その発言をした人たちが、どういう考えに基づいてのことなのかということも、少し突っ込んで、きちっと理解しておくことが肝心だ。

ＪＦＸでも「マトリックストレーダー」のニュース画面でこうした情報を提供している（**図表３－３**）。どこのＦＸ会社でも似たようなサービスがあるだろうから、それらのニュース情報を小まめにチェックして、要人発言をピックアップしていくとよいだろう。それらを丹念に読み解くことによって、いま、世界の要人が為替レートの動きに対して、どのような考えをもっているのかを、把握することができる。

やはり、事例は少し古くなるが、６年半ぶりにドル売り介入が行なわれた

図表3-3　「マトリックストレーダー」のなかの「小林芳彦のマーケットナビ」でチェックできるニュース画面

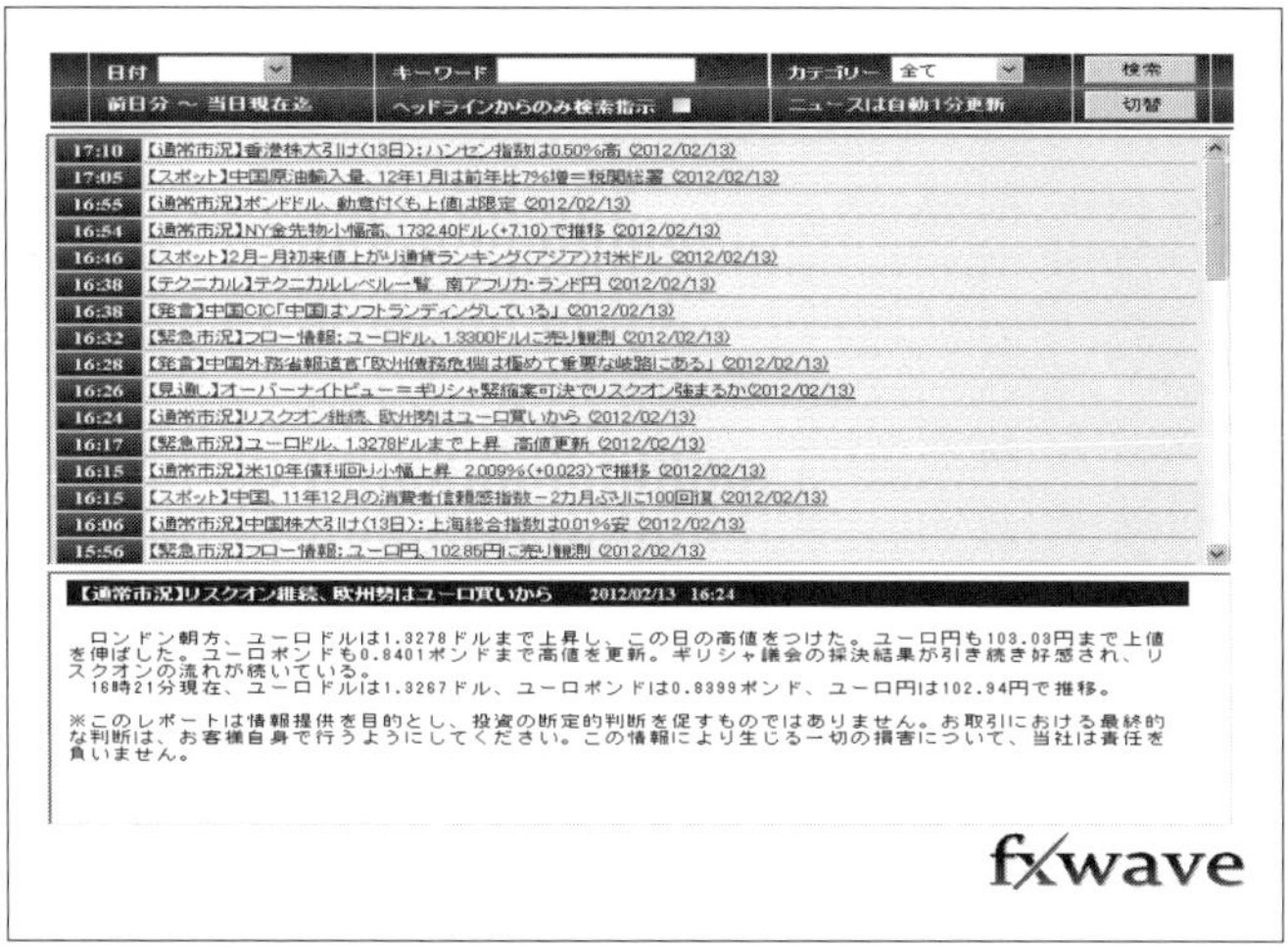

2010年9月15日の動きを振り返ってみよう。

この日、財務省・日銀は、ドル／円レートが1ドル＝82円台に突入したのをきっかけにして、6年半ぶりのドル買い介入を行なった。この介入は、日本の財務省・日銀が単独で行なったものであり、他の国と一緒に介入を行なう協調介入ではなかった。この介入の効果のほどを計る意味で、その前後の要人発言を追ってみると、次のようになる。

まず、注目したいのは、海外時間9月16日に出されたユンケル・ユーログループ議長の発言内容だ。

曰く「日本の取った対処法を好まない。前日までの2日間、日本当局と協議、日本当局の行動を好まないと明確にした」。さらにドッド米上院議員発言は、「外為市場への単独介入は、ブレトンウッズ体制の要をなす為替政策の国際協調に隔たりがあることを示す」と語っている。

前日までの2日間というのは、9月14日と15日の両日を指しているが、ユンケル議長が「日本当局と協議」と言っているのは、つまり、日本側からユーログループ側に、介入を行なうということの根回しがあったことを意味している。しかし、「日本当局の行動を好まないと明確にした」と続けているように、ユーログループとしては、日本の介入について、はっきり反対と言っている。

実は議長発言から遡ること6日前の9月10日に、当時の菅首相は「日本が介入してもネガティブなことは言わないで欲しいといろいろとやっている」というコメントを出していた。加えて、「各国からネガティブな意見は出ていない」ということも言っていたが、これは嘘だということが、ユンケル発言によってばれてしまった。

その結果、仕方なく菅首相は、介入後の9月17日の21時4分に、「好ましくない変動に断固たる措置との姿勢は変わらない」という言葉に続き「いろいろな意見があることを承知している」という、苦しい発言をせざるを得ない状況に追い込まれてしまった。

そのうえ、同日23時4分には、野田財務大臣が、「まずは介入をやったことの説明が大事だと思う。そのやったことに対する国際社会の理解を得ることが大事」と言っているが、このコメントこそ、単独介入を行なった日本の置かれた厳しい状況を、最も端的に物語っている。

市場関係者に対して、介入について国際理解は得られていないということを、公言しているようなものだ。つまり、9月15日に行なわれた6年半ぶりのドル買い介入は、事前に話し合いはあったけれども、実は、世界から孤立した状態で行なわれたものだったということになる。

この介入が行なわれる前のドル／円レートは、1ドル＝83円レベルで推移していた。当然、日本の財務省・日銀としては、最低でも1ドル＝86円台くらいまで、介入によってドルを押し上げようと狙っていたはずだが、これらの要人発言から、国際的な理解が得られていないということがわかった時点で、1ドル＝86円台はむずかしいのではないかと見透かされてしまった。

実際、ドル／円レートは介入によってドル高へと転じたものの、1ドル＝86円に届くか届かないかのところで息切れし、同月中には再び1ドル＝83円台まで売られてしまい、国際理解が得

られていない状態で行なわれたドル買い介入の限界を露呈した形になってしまったのである（**図表3－4**）。

ちなみに、ユンケル・ユーログループ議長声明が出されるまでには、1日の時間差がある。そもそも介入に反対していたのに、介入が行なわれてから、1日のギャップがあるのは、日本が行なう介入の方法がどういう形になるのかについて、様子を伺っていたと考えられる。

どういうことかというと、菅首相から「介入についてネガティブなことは言わないでくれ」と要請されていたから、介入初日だけは、ジェントルマン・アグリーメントで、とりあえずノ

図表3-4　要人発言によって介入効果が弱まった例（ドル／円日足チャート）

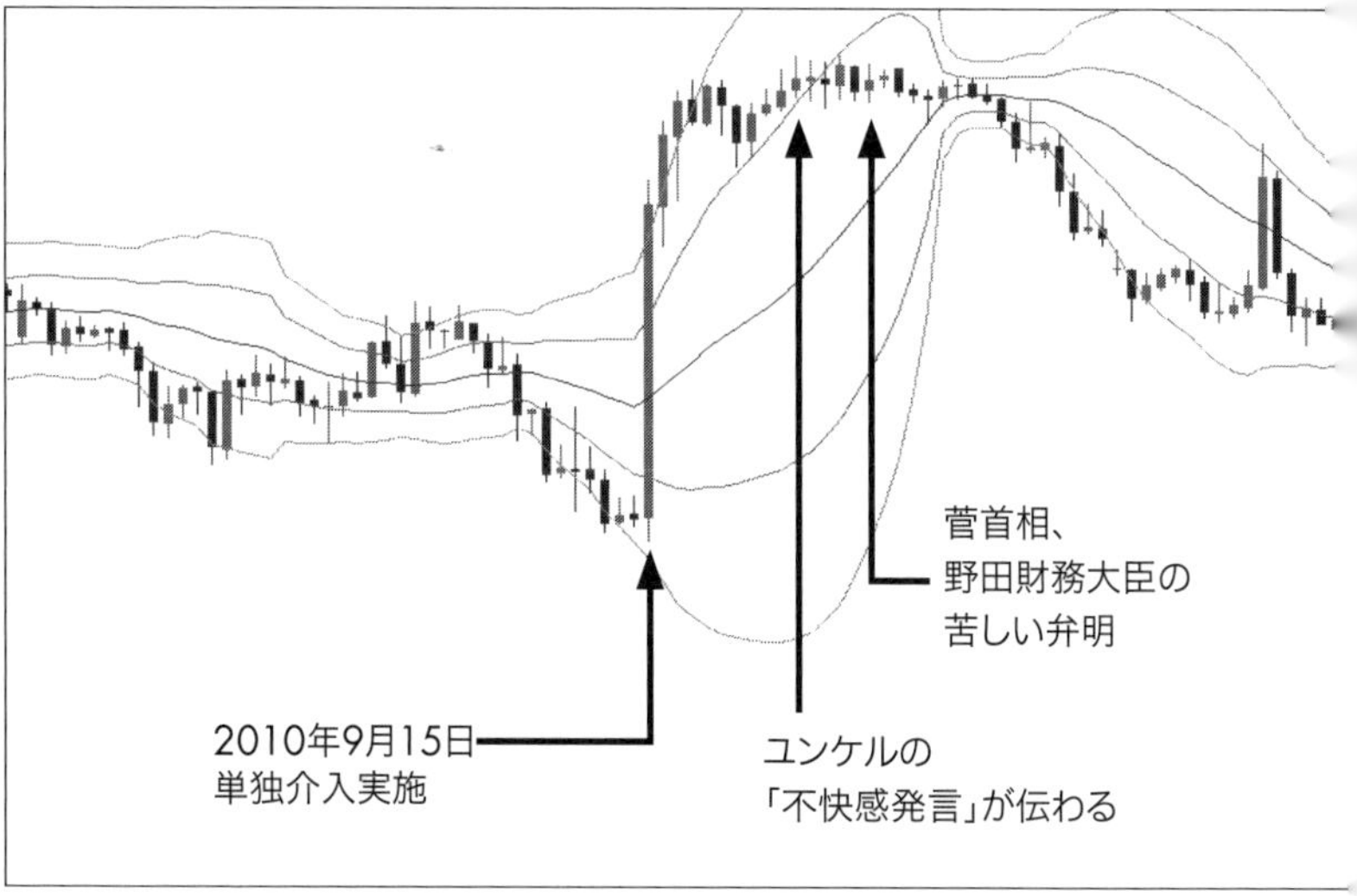

ーコメントにしていたというわけだ。

そして、日本が行なう介入の方法が、スムージングといって、急激に進んでいる円高の勢いを緩めるだけに止める介入ならば、まだ容認しようという考えもあったのではないかと私は推察している。ところが、実際に行なわれた介入は、スムージングの域に止まらず、さらに為替水準を押し上げるために、どんどんドルを買ってきた。ここまで来ると、「さすがに、それはやり過ぎだろう」と考えたのだろう。その結果、前述のユンケル・ユーログループ議長発言につながったと考えられる。

The misfortune of others is taste of honey

デイトレにとって重要な経済指標への対応法

経済指標でいちばん重要なのは「雇用統計」

経済指標は、売買判断を下す際の材料として重要な位置を占めているので、そうした情報を整理して提供しているＦＸ会社も多い（次ページ**図表３－５**）。

しかし、すべての経済指標が注目されているわけではないし、何が重要視されているのかということも、時代の流れによって変わっていく。

たとえば、私がまだルーキーだった１９８０年代は、米国の貿易収支が最も注目されていた。当時はレーガン政権で、米国は「双子の赤字」に苦しんでいた。双子の赤

図表3-5 「小林芳彦のマーケットナビ」のなかにある「経済指標月間カレンダー」

2012年1月経済指標

2日(月)	国名	国内・海外経済指標	前回	予想	結果
17:55	独	製造業PMI	48.1	48.1	48.4
18:00	ユーロ	製造業PMI	46.9	46.9	46.9
3日(火)	**国名**	**国内・海外経済指標**	**前回**	**予想**	**結果**
17:30	スイス	SVME購買担当者景況指数	44.8	45.4	50.7
17:55	**独**	**失業率**	**6.9%**	**6.9%**	**6.8%**
17:55	**独**	**失業者数**	**-2.3万人**	**-1.0万人**	**-2.2万人**
18:30	英	製造業PMI	47.7	47.3	49.6
24:00	**米**	**ISM製造業景気指数**	**52.7**	**53.5**	**53.9**
24:00	米	建設支出(前月比)	-0.2%	0.5%	1.2%
4日(水)	**国名**	**国内・海外経済指標**	**前回**	**予想**	**結果**
17:55	独	非製造業PMI	52.7	52.7	52.4
18:00	ユーロ	非製造業PMI	48.3	48.3	48.8
19:00	ユーロ	消費者物価指数(前年比)	3.0%	2.8%	2.8%
21:00	米	MBA住宅ローン申請指数(前週比)	0.3%		-4.1%
24:00	米	製造業新規受注(前月比)	-0.2%	2.0%	1.8%
5日(木)	**国名**	**国内・海外経済指標**	**前回**	**予想**	**結果**
09:30	豪	貿易収支	14.18億豪ドル	16.50億豪ドル	13.80億ドル
16:00	独	小売売上高(前月比)	-0.2%	0.2%	-0.9%
16:00	独	小売売上高(前年比)	-0.6%	0.7%	0.8%
18:30	英	非製造業PMI	52.1	51.5	54.0
19:00	ユーロ	製造業新規受注(前月比)	-6.4%	2.5%	1.8%
19:00	ユーロ	製造業新規受注(前年比)	1.6%	3.3%	1.6%
19:00	ユーロ	生産者物価指数(前月比)	0.1%	0.1%	0.2%
19:00	ユーロ	生産者物価指数(前年比)	5.5%	5.2%	5.3%
22:15	**米**	**ADP雇用者数(前月比)**	**20.4万人**	**17.8万人**	**32.5万件**
22:30	**米**	**新規失業保険申請件数**	**38.7万件**	**37.5万件**	**37.2万件**
22:30	加	鉱工業製品価格	-0.1%	-0.1%	0.2%
22:30	加	原材料価格指数	-1.0%	0.5%	3.8%
24:00	**米**	**ISM非製造業景気指数**	**52.0**	**53.0**	**52.6**
24:00	加	Ivey購買部協会指数	59.9	58.0	63.5
6日(金)	**国名**	**国内・海外経済指標**	**前回**	**予想**	**結果**
17:00	英	住宅価格(前月比)	-0.9%		-0.9%
17:00	英	住宅価格(前年比)	-1.0%		-1.3%
17:15	**スイス**	**消費者物価指数(前月比)**	**-0.2%**	**-0.1%**	**-0.2%**
17:15	スイス	消費者物価指数(前年比)	-0.5%	-0.6%	-0.7%
19:00	**ユーロ**	**小売売上高(前月比)**	**0.4%**	**-0.4%**	**-0.8%**
19:00	ユーロ	小売売上高(前年比)	-0.4%	-0.9%	-2.5%
19:00	ユーロ	消費者信頼感	-21.2	-21.2	-21.1
19:00	ユーロ	失業率	10.3%	10.3%	10.3%
19:00	ユーロ	業況判断指数	-0.42	-0.48	-0.31
20:00	独	製造業受注(前月比)	5.0%	-1.8%	-4.8%
20:00	独	製造業受注(前年比)	5.2%	-1.2%	-4.3%
21:00	加	失業率	7.4%	7.4%	7.5%
21:00	加	雇用者数	-1.86万人	2.00万人	1.75万人
22:30	米	失業率	8.7%	8.7%	8.5%
22:30	米	非農業部門雇用者数(NFP)(前月比)	10.0万人	15.5万人	20.0万人
9日(月)	**国名**	**国内・海外経済指標**	**前回**	**予想**	**結果**
06:45	**NZ**	**貿易収支**	**-2.28億NZD**	**-3.00億NZD**	**-3.08億NZD**
09:30	**豪**	**小売売上高(前月比)**	**0.2%**	**0.0%**	**0.4%**

字とは、財政収支と貿易収支の赤字のことだ。

とくに貿易収支の赤字は、ドル/円のレートに大きな影響を与えた。米国の貿易収支の赤字が増えると、それは米ドル売りにつながり、貿易収支の赤字が縮小すると、ドルの買い圧力が強まった。

このように、米国の貿易収支が為替を動かす材料となったのは、確か1990年代の半ばくらいまでだったと記憶している。1995年4月19日、1ドル=79円75銭というドル安値があったが、そのときのドル売り材料は、日米の貿易不均衡だった。米国の貿易赤字が膨らむ一方で、日本の貿易黒字が拡大。それに業を煮やした米国政府が、ドル安政策を推し進める可能性が高まり、マーケットではドルの売り圧力が強まった。その後、1998年10月にかけて、1ドル=147円というドル高水準を付けることになったが、これは、米国の貿易赤字が縮小したからではなく、日本の金融不安が深刻化したため、このまま円高を放置しておくと、日本発の世界大恐慌に陥るリスクが浮上してきたからだ。

このように、かつてはマーケット参加者の多くが、その発表の瞬間を、固唾を飲んで見守っていた貿易収支だが、いまはほとんど注目されていない。それは、マーケット参加者が、その時々で注目する材料が変わっていくからだ。

では、いまは何かというと、多くの方がお察しのとおり、米国の「雇用統計」である。

雇用統計は、毎月第一金曜日に発表される。日本時間でいうと、夏時間ならば午後9時30分。冬時間ならば午後10時30分だ。時計がこの時間を指すと同時に、マーケットは大きく動く。外為村で月1回行なわれる村祭りのようなものである。

もちろん、米国が発表している経済指標は、雇用統計だけではない。前述したように財政収支や経常収支、消費者物価指数、鉱工業指数など、実にさまざまな経済指標が発表されている。

また米国だけでなく、日本やユーロ圏でも、同じようにさまざまな経済指標が日々、発表され、それらの数値はメディアや情報端末を通じて、私たちの耳目に入ってくる。

そうしたなかで、いまマーケットが大きく動くのは、雇用統計である。それに比べると他の経済指標は、正直言ってドングリの背くらべであり、マーケットに与えるインパクトの度合いという点では、どれも大差はない。とにかくいまは雇用統計に注目しておくことが大切である。

雇用統計のポイントは「非農業部門雇用者数」

雇用統計で注目されるのは、失業率と非農業部門雇用者数（ＮＦＰ＝Non Farm Payrolls）である。とりわけ注目されるのは、非農業部門雇用者数であるが、これは農業以外の部門に属する事業者の給与支払い帳簿を基に雇用者数を集計したもので、文字どおり農業以外の職に就いている人の数を示している。

なぜ雇用統計が注目されるのかというと、米国のＧＤＰに占める個人消費の割合が非常に高いからだ。おおよそ、ＧＤＰの７割が個人消費と見られている。米国はその意味でも、まさに消費大国なのだ。

したがって、個人消費が活発になれば、米国のＧＤＰは確実に上向き、景気は堅調に回復していく。逆に個人消費が落ち込むと、米国の景気は冷え込んでいく。

では、個人消費を左右するのは何か。いうまでもなく、それは雇用である。雇用され、働いて給料を得る。こうして初めて消費をすることができる。したがって、非農業部門雇用者数が増加すれば、消費意欲は高まり、非農業部門雇用者数が減少すれば、消費意欲は後退する。

失業率と非農業部門雇用者数のどちらがより注目されるのか、という点については、前述したように非農業部門雇用者数になる。それは、統計の特性によるものだ。失業率の場合、小数点第二位は四捨五入されるため、誤差の範囲が大きくなるからだ。たとえば、4・44％は4・4％として表示され、4・45％は4・5％と表示される。つまり、0・1％は誤差の範囲とみなされるため、発表される数字の詳細までが把握しにくい。したがって、失業率の数字だけを見てマーケット参加者がポジションを傾けるということは、まずないと考えてよい。

逆に非農業部門雇用者数は、1000人単位まできちっと数字が出てくるため、よりリアルな動向が把握しやすい。もし、非農業部門雇用者数の数字が5万人でも減少すれば、マーケットには非常に大きなインパクトを与える。

非農業部門雇用者数は市場の予想値と比較してみる

非農業部門雇用者数を見るうえで大切なことは、前月比でどのくらい増減したのかである。たとえば、2011年12月の数字は、同年11月と比べて20万人のプラスであった。基本的に、非農業部門雇用者数は、20万人前後の増加であれば通常ペースと見られる。それを大幅に超えると、かなりの売り手市場であり、逆に大幅に下回ると、買い手市場ということになる。

失業率は、0・1%程度なら誤差の範囲と考えられるし、マーケットに及ぼすインパクトも小さい。ところが非農業部門雇用者数の場合は、前月比の増減数でその前の月に比べて5万人も増減したら、マーケットには非常に大きなインパクトになる。たとえば、某年5月の非農業部門雇用者数が前月比で20万人の増加。そして6月の同数値が予想20万人増のところ15万人の増加ということになったら、たとえ15万人の雇用増だったとしても、マーケットではドル売り圧力が強まっていくことが考えられるといった具合だ。

なお、雇用統計は毎月第一金曜日に発表されるが、そのときに発表される数字は前月のものになる。たとえば、2012年3月の第一金曜日に発表される雇用統計の数字は、2012年2月時点で調査したものだ。

ところで、マーケット参加者は雇用統計の実数に注目しているのではないということに注意が必要だ。もちろん、前月比の増加人数が5万人も減れば、マーケットにはそれなりのインパクトがあるが、マーケット参加者が基本的にチェックしているのは、「事前予想値との乖離」である。

たとえば、事前予想値が15万人の増加だったのに、実際の数字は10万人の増加に止まったら、ドルは確実に売られる。逆に、事前予想値が15万人だったのに、実際の数字が20万人の増加だったら、ドルは買われることになる。しかも、事前予想値と実際の数字との乖離が大きければ大きいほど、マーケットではサプライズとして受け止められるため、より大きく為替レートを動かすことになる。

他の雇用関連統計もチェックしておく

このように、いまマーケット参加者の大半が注目しているのは雇用統計だが、他にも雇用に関連した経済指標がいくつかある。

まず「ADP雇用統計」だ。これは米国の給与計算アウトソーシング会社であるADP（Automatic Data Processing＝オートマティック・データ・プロセッシング社）が発表している民間ベースの統計指標で、雇用統計の先行指標とされている。計算方法が政府発表の雇用統計に近いことに加え、発表日が政府発表の雇用統計の2日前ということもあり、実際の雇用統計を見るうえで参考になる。

ただ、必ずしも雇用統計の数値と一致することはないという点には注意が必要だ。サンプル数も近く、同じような計算方法を用いているとはいえ、純粋に同一のものではないので、ADP雇用統計と政府発表の雇用統計とでは、非農業部門雇用者数の数字に一定の乖離が生じる。

それを織り込んだうえで、この数字を見る必要があるが、前述したように、実際の雇用統計の2日前に発表されるため、事前予想値に対して実際の雇用統計の数字が良い方向に出るのか、それとも悪い方向に出るのかということを、あらかじめ推測することができる。その意味では、使い勝手が良い。

もうひとつ注目されるのが、「新規失業保険申請件数」だ。これは新規に行なわれた失業保険の申請件数のことで、やはり雇用情勢を把握するうえで参考になる。というのも、失業保険の申請件数が増えているとしたら、それは失業者の数が増えていることに他ならず、雇用環境は悪化していると考えられるからだ。

新規失業保険申請件数のポイントは、毎週木曜日にその数字が発表されているということだ。つまり、雇用統計やADP雇用統計に比べて、はるかに速報性が高い。基本的に、申請件数が40万件を超えるかどうかが、雇用情勢を判断する分かれ目と見られており、40万件を超えるのが常態化した場合には、雇用情勢が相当程度悪化していると見ることができる。

さて、ここまで政府発表の雇用統計、ＡＤＰ雇用統計、新規失業保険申請件数という3つの雇用関連統計について説明してきたが、それらをどのように関連づけてみれば良いのだろうか。

まず、速報性に優れた新規失業保険申請件数の推移に注目する。同統計は毎週木曜日に前週の数字が発表されるので、失業者数のトレンドを把握することができる。毎週、申請件数が増加傾向をたどっていれば、非農業部門雇用者数は前月に比べて悪化しているのではないかという、おおよその見当を付けることができるだろう。

そして、雇用統計の2日前、すなわち水曜日にＡＤＰ雇用統計が発表される。この時点では、すでにロイターなどを中心にして、雇用統計の事前予想値が発表されているはずなので、それに対して、ＡＤＰ雇用統計の非農業部門雇用者数が、上方乖離しているのか、それとも下方乖離しているのかをチェックする。もし、ＡＤＰ雇用統計の非農業部門雇用者数の数字が、事前予想値に比べて大幅に下方乖離していたとしたら、その時点でマーケットにはドル売りポジションが溜まってくる可能性が高い。

つまりマーケットでは、雇用統計の発表よりも前に、その前の週の木曜日までに毎週発表されてきた新規失業保険申請件数の傾向や、その2日前に発表されるADP雇用統計の非農業部門雇用者数を見て、織り込む動きを見せるのである。

指標後の相場の動きは「ポジションの傾き」次第

こうして雇用統計当日を迎えるわけだが、実際の数字が発表されたときにどのような為替レートの動きが生じるかを想定するときに注意すべき点は、ポジションの傾きを考えるということだ。つまり、マーケットはロングなのか、それともショートなのかということの目星を付けておく。

仮に、ADP雇用統計と雇用統計のいずれも、非農業部門雇用者数の数字が非常に良かったとする。通常であれば、ここでドルは一気に買われる。したがってスクリーン上のチャートは、大きな陽線が立ってくるはずだ（次ページ**図表3-6**）。

ところが、ここでマーケットがすでにパンパンのロングだったら、どうなるだろうか。雇用統計発表時点でマーケット参加者の大半が、ドルのロングポジションをもっ

図表3-6　雇用統計後の相場の動き

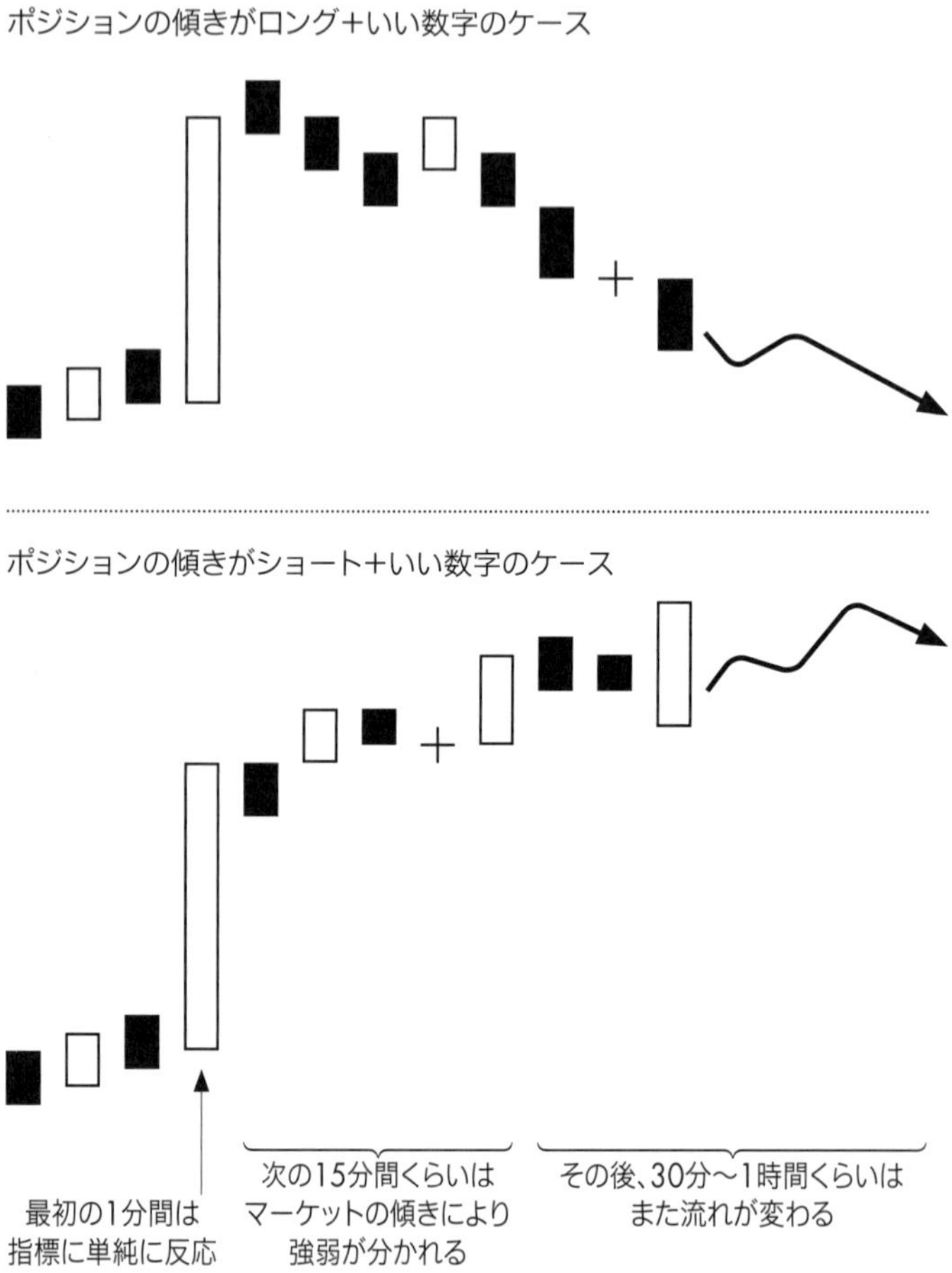
ポジションの傾きがロング＋いい数字のケース
ポジションの傾きがショート＋いい数字のケース
最初の1分間は
指標に単純に反応
次の15分間くらいは
マーケットの傾きにより
強弱が分かれる
その後、30分〜1時間くらいは
また流れが変わる

ていたとすると、それ以上に買う人がいないのだから、なかなかドル高方向に進まなくなる。動きが止まってしまう。

そうなると、今度は、それまでポジションをまったくもっていなかった連中が、動き出してくる。この連中は、雇用統計の数字が事前予想値に比べて良いか悪いかというだけでなく、プライスアクションそのものを見て参入の方向を決めてくる。指標が発表された後のプライスアクションを見て、いまポジションがどちらに傾いていて、これからどういう動きが生じる可能性があるのかということを考え、その動きに乗じて儲けようと虎視眈々と狙っているのだ。

当然、マーケットがロングに傾いているような状況下では、ロングポジションをもっている人が苦境に立たされる。それ以上、ドルが上がらないのであれば、ポジションを切らなければならない。一方で、まだもう少しドルが買われて、自分は切り抜けられるのではないかという思惑も生じてくる。したがって我慢してドルをもち続けようとする。

ところが、意に反してドルが下がり始め、それまで何とかもちこたえてきた他のマーケット参加者も、もっているドルを徐々に投げ始めたとする。こうなると、それまでノーポジションだった連中は、その動きに乗じてドルを売ってくる。そうなると、ドルはロスカットを巻き込みながら、一気に下落していくことになるだろう。

したがって、雇用統計発表後にドルが大きく上昇したにもかかわらず、その後はフォローの動きがあまりないようなときは、むしろタイミングをみてショートから入ったほうが面白いことになる。

指標の発表に伴ってマーケットが動くのはそれほど長い時間ではない。

まず、雇用統計が発表された後、1分間くらいは、事前予想値と実際の数値の乖離をみて、反射神経的にマーケット参加者は動く。つまり、事前予想値に対して実際の数値が上方乖離だったらドル買い、下方乖離だったらドル売りで入ってくるが、1分が経過したあとの15分間くらいは、さきほど書いたポジションの傾きとの関係から、インターバンクディーラーがドルの買い方、ドルの売り方のいずれに付くかということで、値動きが交錯する。

そして、その時間帯が過ぎた後の30分から1時間ぐらいは、また異なる流れが出てくることが多い。指標発表後のプライスアクションをみて参入してきたディーラーたちが、ポジションを手仕舞ったり、さらに追加してきたりする動きが出てくるからだ。

雇用統計というと、指標発表の直後にポジションを取ろうとする個人投資家も多いが、焦る必要はない。指標が発表されてから、ポジションの傾きをイメージしてエントリーしても、十分に取ることができる。したがって、指標発表前にはポジションをニュートラルにしておくほうが良いだろう。

インターバンクディーラーも、雇用統計がどうなるのかということを事前に予測し、発表前からポジションをもつようなことはしない。仕掛けるのは指標発表後からだ。そのプライスアクションからマーケットの傾きを読んで、ポジションを取っていく。その際、「売り方と買い方のどちらをいじめたら、自分にとっておいしいのか」を考えてトレードしていくことはいうまでもない。

本来重要だが、いまは注目されないFOMC

FOMCは「連邦公開市場委員会」のことで、6週間おきに年8回開かれているが、必要に応じて随時開催されることもある。メンバーはFRB（連邦準備理事会）の理事7名のほか、地区連邦準備銀行総裁5名で構成されており、米国の金融政策のひとつである公開市場操作の方針を決定する会合である。

つまり、FOMCで話し合われる内容は、「近い将来、米国がどういう金融政策を取るべきなのか」ということなので、金利だけでなく、為替レートにも影響を及ぼす。ちなみに、FOMCで話し合われた内容については、FOMC開催最終日に声明文として公表されるのに加え、FOMC開催最終日から3週間後には議事要旨も公表される。こうした声明文や議事要旨を読むことによって、米国の金融政策の方針が見えてくるのだ。

FOMC以外では、ECB（欧州中央銀行）やBOE（バンク・オブ・イングランド）の金融政策動向に注目が集まる。FOMCは米ドル、ECBはユーロ、そしてBOEは英ポンドというように、主要通貨のマーケット動向に影響を及ぼすからだ。いずれも、金融引締めの動きになれば、金利上昇によってその国の通貨は買われ、金融緩和の場合には、その国の通貨が売られるというのが基本だ。

また、為替レートは常に二国間のバランスの下に成り立つものだから、一方の金利動向だけでなく、両国の金利動向を見て、どちらの通貨が売られ、もう一方が買われるのかということを、判断しなければならない。

たとえば、ユーロ／ドルの通貨ペアについて、ECBが金利を据え置く一方、FOMCが金融引締めを行なえば、外国為替市場では、ドル買い・ユーロ売りが進むのが普通だ。ところが、FOMCとともにECBも利上げを行なえば、結果的に両国の金利差はあまり変わらないので、ユーロ／ドルのレートは動きのない展開になるということも考えられる。

ちなみに、ＦＯＭＣやＥＣＢ、ＢＯＥという並びのなかに日銀（ＢＯＪ）は入らないのか、と思っている方もいらっしゃるだろうが、残念なことに、我が国の中央銀行は、海外でそれほどイニシアティブをもっていない。１９８０年代バブルの頃に比べ、国際金融マーケットにおける日本の地位は、大きく後退している。それだけに、日銀の動向が為替レートに大きな影響を及ぼすことはほとんどない。

ところで、ＦＯＭＣが為替レートに大きな影響を及ぼすことについては、ここまでの説明で理解していただけたかと思うが、２０１２年４月時点での現状について考えれば、おそらくＦＯＭＣが米ドルの動きに大きなインパクトを与えるようなことにはならないと見ている。なぜなら、米国の金融政策は当面、金融緩和の継続で決まっているからだ。

現在のＦＲＢ議長であるバーナンキは、「少なくとも２０１３年の半ばまで、現在の低金利政策を継続する」ということを公言していたが、２０１４年終盤まで期間を延長した。つまり２０１４年の終盤まで、短期金利についてはゼロ金利が続くということだ。

ということは、米国の金利は上がりもしなければ、下がりもしない。そうである以上、マーケット参加者は米国の金融政策に注目する必要はないと判断するだろう。

本来、ＦＯＭＣは非常に重要な為替変動要因のはずだが、現状のような金融緩和政策が継続する限り、ＦＯＭＣが為替レートを大きく左右するような要件にはならないということだ。ＦＯＭＣの影響力は、少なくとも現時点においては、グリーンスパン時代と比べ物にならないくらい後退しているのは、事実だと思う。

ちなみにバーナンキＦＲＢ議長など、金融政策を司る要人たちの発言については、どうしてもその発言の裏に何が隠されているのかということを読み取ろうとしてしまいがちだが、少なくともバーナンキ議長に関しては、その努力は必要はなさそうだ。

前任者のグリーンスパンとなると、非常に微妙な発言内容が多く、議会証言の内容なども、その言葉に隠された真意を探っていく必要があったが、バーナンキ議長になってからは、「開かれたＦＯＭＣ」を目指しており、発言内容などを読んでいても、非常に平易な言葉が用いられていることがわかる。

したがって、バーナンキ議長の時代が続いている限りは、その発言内容の裏読みといったような苦労は、しなくても済むだろう。こうした要人発言は、ロイターの端末などでも、リアルタイムで拾っていくことができるので、おおまかなマーケットの方向を考えるうえでの参考材料にしたい。

金融政策の影響は緩やかに織り込まれる

ところで、ＦＯＭＣなどにおける政策発動が、どこまで為替レートに影響を与えるのかということだが、少なくとも雇用統計のように、デイトレのタイムスパンにおいて、大きく為替レートを動かすような形にはなりにくい。

もちろん、これまで徹底して金融緩和を行ない、超低金利政策を続けてきたＦＲＢが、ある日、一転して「今日から金融引締めを実施する」などとアナウンスすれば、想定外の事態でマーケットは大きく動くことになるだろうが、過去においてもそのようにドラスティックに金融政策の判断を変えたというケースは、ほぼゼロに近い。

そもそも、金融政策というものは、ある日、突然、方針が変わるというような性質のものではない。ジワジワと景気がピークをつけてから、景気後退局面に入っていき、そこで中央銀行は金融緩和政策へと転じていく。それをマーケット参加者は事前に織り込んでいくため、あるニュースを境にして急にドルが売られたり、買われたりするような動きにはならない。

つまり、金融政策を材料にしてポジションを取るといっても、ある日、それが大きな材料として、いきなり浮上してくるような類のものではないのだ。連続的な経済の流れのなかで、徐々に金融緩和局面、あるいは金融引締局面へと転換していき、その局面がしばらく続く。したがって、為替レートに及ぼす影響は、基本的には緩やかなものであり、短時間で大きく相場を動かすようなものとはなりにくい。

そのうえ、前述したようにいまの米国はゼロ金利政策の真最中であり、しかも2014年終盤までは、その金融政策に大きな変更はないわけだから、目下のところ、米国の金融政策は為替レートにほとんど影響を与えない。よほど良い経済指標が続いて出ても、相当なインフレ懸念がおきていない限り、2014年終盤と定めた時期を前倒しにすることはないだろう。

仮に今後、金融政策がドルの動きに影響を与えるのだとしたら、それは量的金融緩和第三弾（QEⅢ）が行なわれるときだろう。QEⅢを通じてもう一段、米ドルを市場にばらまくということになれば、ドルは売られるだろう。ただし、そうした発表については、それ以前にマーケットが金融緩和の可能性をどんどん織り込んでいくため、デイトレの材料とはなりにくいといえよう。

The misfortune of others is taste of honey

チャートと想像力で「ポジションの傾き」を読む

「投機玉」はどうなっているのか？

本書ではここまでにも「ポジションの傾き」という言葉を何度も使ってきたが、ここできちんと整理しておこう。以下では、わかりやすく説明するために、ドル／円に絞った事例を取り上げてみる。

為替市場というのは、市場という名のとおり、売買に参加する人たちが取引を行なう結果、形づくられている。主な売買参加者としては、

・**貿易実需（輸出や輸入に関わる企業など）**

輸出はドル売り、輸入はドル買い

・資本（生命保険、損害保険、アセットマネジャーなど）

新規の外債投資はドル買い（ただし、新規投資時に為替スワップを組んで外債投資した場合にはスポットポジションは発生しない）、満期の円転はドル売り、利金の円転もドル売り、元本をそのままにして為替のみをヘッジ売りするのはドル売り

・M&A

海外の株式購入はドル買い、海外資本が日本企業を買収する場合はドル売り円買い

・投機筋（インターバンク、モデル系ファンド、システムファンド、個人投資家など）

ドルの売り買いはバラバラ

・中央銀行

為替介入は売り買いあり、国費での海外物品購入の場合はドル買い、ＰＫＯの支払いはドル買い、在外公館への費用・給与支払いもドル買い

などがある。

こうした参加者がそれぞれの思惑に基づいて、ドル／円を売買する結果、為替レートが形づくられていくことになるのだが、ここで「ポジションの傾き」が生まれるための前提条件として覚えておいてほしいのは以下の2点だ。

・売り切り玉（輸出）と買い切り玉（輸入）がぶつかっているだけでは、ポジションは傾かない。

・投機筋と、実需・資本などがぶつかることによって、ポジションの傾きが生まれる。

実需筋というのは、本当に必要に迫られて為替取引をしているわけだから、そこで利益を上げようとしているわけではなく、基本的に為替の動きや水準がどうであろうと、決まった取引を淡々と行なっているだけである。

一方、投機筋というのは、取引によって利益を上げようと狙っているわけだから、相場の動きや水準によって、思惑をもった動き方をする。これが、売らなくてもいい玉を売る（後で下がったら利食いで買い戻す、下がらなかったら損切りで買い戻す）とか、買わなくてもいい玉を買う（後で上がったら利食いで売る、上がらなかったら損切りで売る）という行動となる。

つまり、このように投機筋が思惑で売り買いを行なう部分というのは、実需の買い切り玉、売り切り玉とは異なり、いずれ反対売買が行なわれることになるため、そのどちら側が多いのかによって「マーケットのポジションが傾いている」ということになるのである。

現時点の相場において、この「マーケットのポジションの傾き」がどうなっているのかをとらえることにより、今後、相場がどのように動いたら何をする必要に迫られるのかを推測することができ、将来の相場の動きを予測する一助とすることができるわけだ。

その動きを判断する際に、道具として大切なのがチャートである。したがって、以下ではチャートの使い方について一通り解説したあとで、「そこからマーケットのポジションの傾きをどのように想像していくのか」について解説していく。

日足→1時間足→5分足の順にチャートをチェックする

こうしたポジションの傾きをとらえるのに役立つのがチャートやテクニカル分析である。私は特段むずかしいチャートは使っていない。

私が相場予測を立てる際には、日足、1時間足、5分足という順にチャートを見ていく。この際のチャートとテクニカル分析の組み合わせはそれぞれ以下のとおりである。

・日足…移動平均線（9日、21日、90日、200日）＋ボリンジャーバンド（21日）＋M

ACD（12日・26日、9日）＋トレンドライン＋一目均衡表

・1時間足…ボリンジャーバンド（21時間）＋MACD（12時間・26時間、9時間）＋一目均衡表

・5分足…移動平均線（72本、108本、144本）＋ボリンジャーバンド（21本）＋MACD（12本・26本、9本）＋一目均衡表（遅行スパンのみ）

ちなみに、タイムスパンが異なっても、各テクニカル分析についての基本的な考え方・読み取り方は同じなので、以下ではそれぞれについて順に解説していくことにする。

移動平均線で相場の大勢をみる

まずは移動平均線についてだが、トレンド系のテクニカル分析のなかで基本といえるのが移動平均線だ。移動平均線というのは、過去の任意の期間の終値の平均値を結んで描いた線で、新しい終値が定まるたびに、いちばん古い終値をはずして計算し直していくため、「移動」平均といわれる。

移動平均線が何を意味しているかといえば、たとえば、すべての投資家が終値をベースに取引した場合、移動平均線というのは、移動平均の期間に売買した投資家のコストの平均と考えることができる。

したがって、いま現在の価格が移動平均線よりも上にあり、移動平均線自体も右肩上がりで推移しているような場合であれば、いま買いポジションをもっている多くの投資家には利が乗っていて、そのままの状況でいられる一方、売りポジションをもっている投資家は含み損となっていて、買い戻しを余儀なくされる可能性があることを意味する。

要するに、相場の大まかなトレンドをつかむことができるというものだ。

私の場合、日足と5分足でいくつかの移動平均線をチェックしているが、そのなかで重要なのは、日足の200日線と5分足の144本線だ（次ページ**図表3－7**、**図表3－8**）。

日足については、デイトレにとって直接影響のあるものではないが、現在の価格位置が、長期のポジションをもっている人たちにとってどういう状況なのかという大勢をチェックし、いまの相場が置かれている大枠のトレンドをみるという意味において重要である。

また、5分足チャートを見るときには、最低でも2日分の動きをチェックすることが大切だが、その際に144本移動平均線を乗せる理由は、144×5分＝12時間分の移動平均線を意味しているからだ。

なぜ5分足チャートに12時間の移動平均線を乗せるのか。

いちばんの理由は、ディーラーの勤務時間と関係がある。通常、東京市場の外為ディーラーが銀行に出社するのが、午前8時だ。そこからポジションをつくった場合、できればニューヨーク市場がオープンするまでには、何とかポジションを解消したいと考えるのが普通だ。損切りするにしても、利食いをするにしても、そこまでに何とか決着に持ち込んでおかないと、そのディーラーは真夜中までデスクに張り付くことになってしまう。

サマータイムの場合、日本時間のオープンが午前9時、ニューヨークのオープンが午後9時になるので、ちょうど12時間ある。つまり12時間の移動平均線というのは、この間におけるレートの平均値になる。

東京のディーラーだけでなく、欧州や米国のディーラーの勤務時間も、12時間程度だ。したがって、12時間移動平均線というのは、ディーラーの投資行動を把握するうえで、非常にしっくりくるのだ。

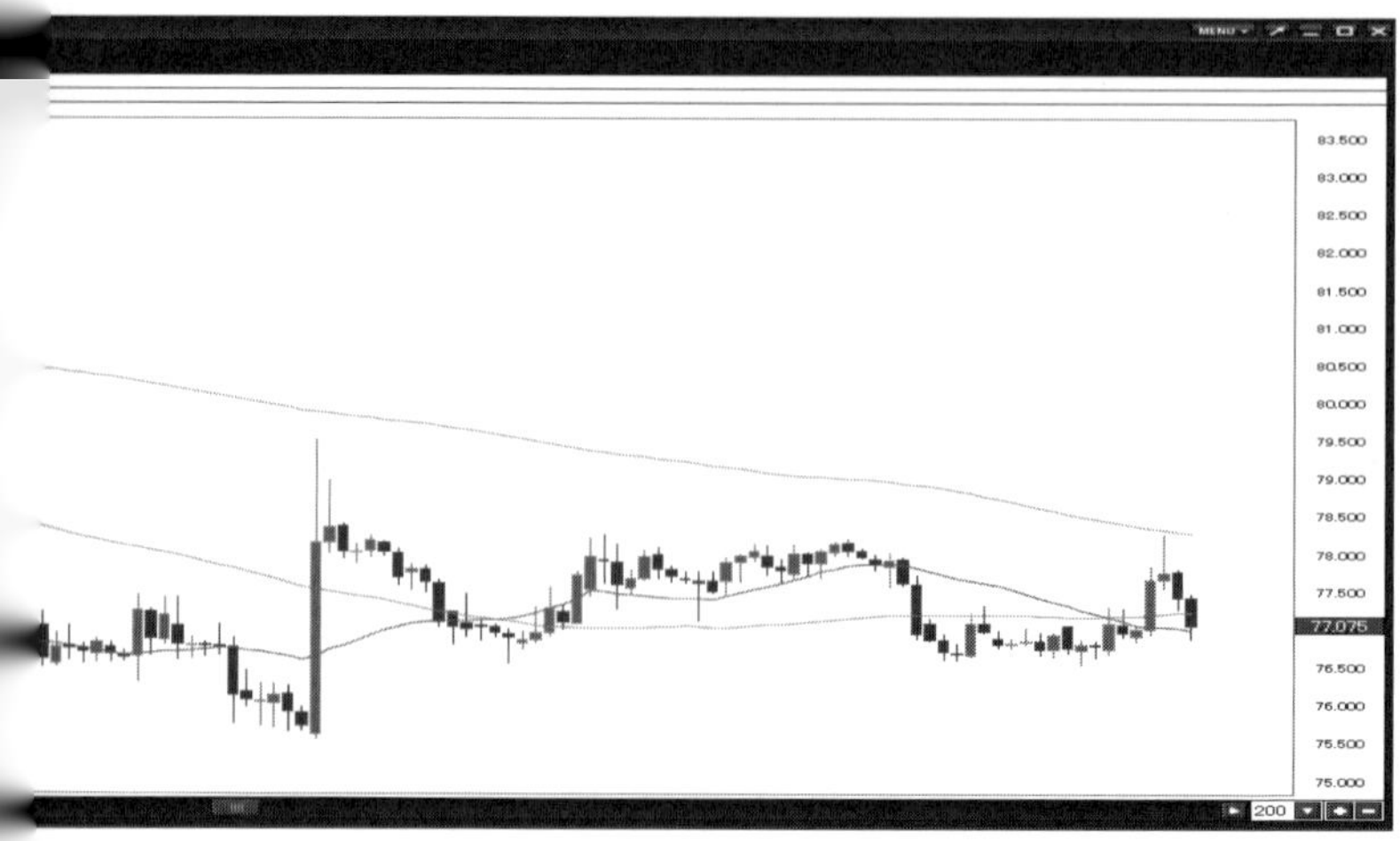
MENU
83.500
83.000
82.500
82.000
81.500
81.000
80.500
80.000
79.500
79.000
78.500
78.000
77.500
77.075
76.500
76.000
75.500
75.000
200

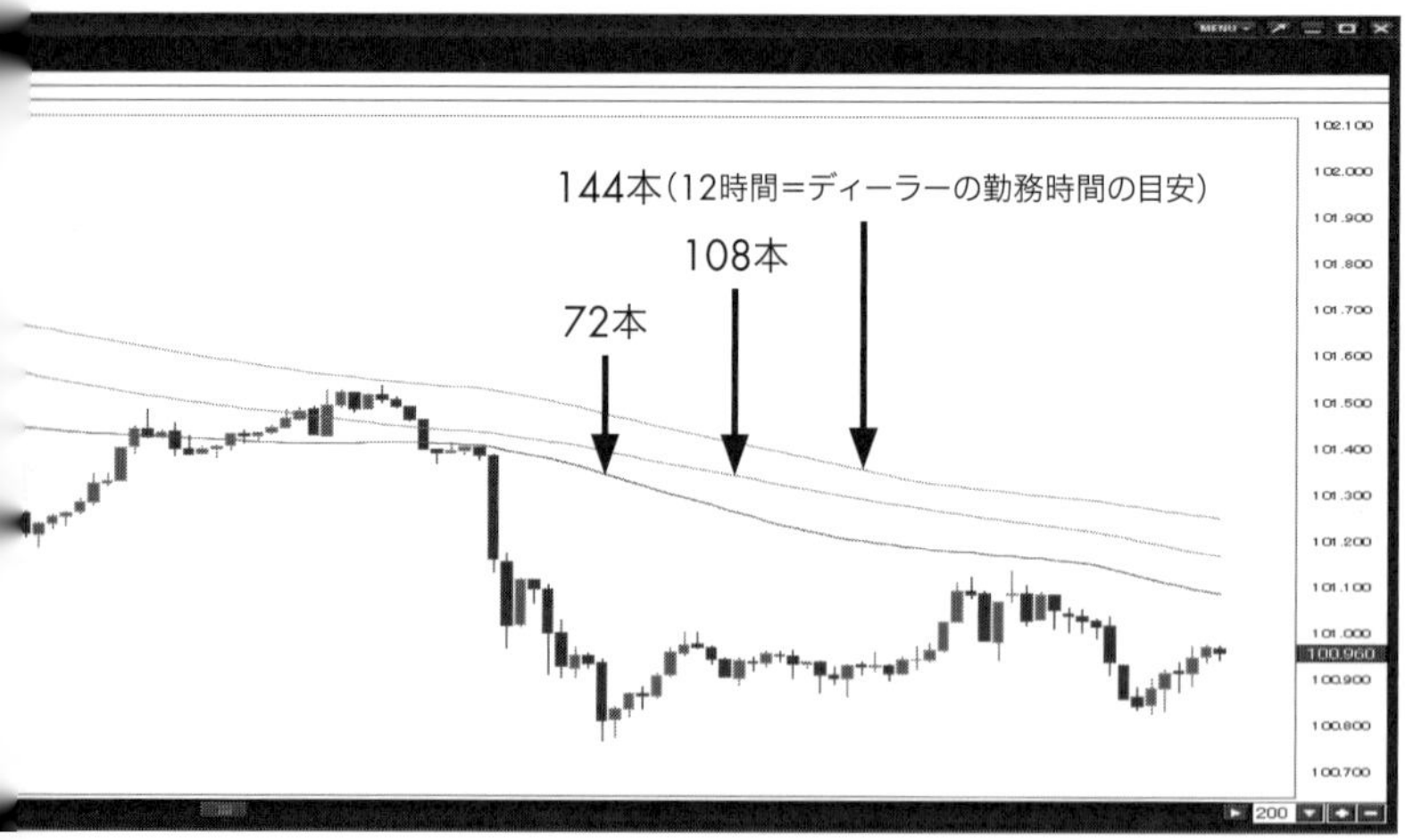
MENU
144本（12時間＝ディーラーの勤務時間の目安）
108本
72本
102.100
102.000
101.900
101.800
101.700
101.600
101.500
101.400
101.300
101.200
101.100
101.000
100.960
100.900
100.800
100.700
200

図表3-7　日足チャートと移動平均線

図表3-8　5分足チャートと移動平均線

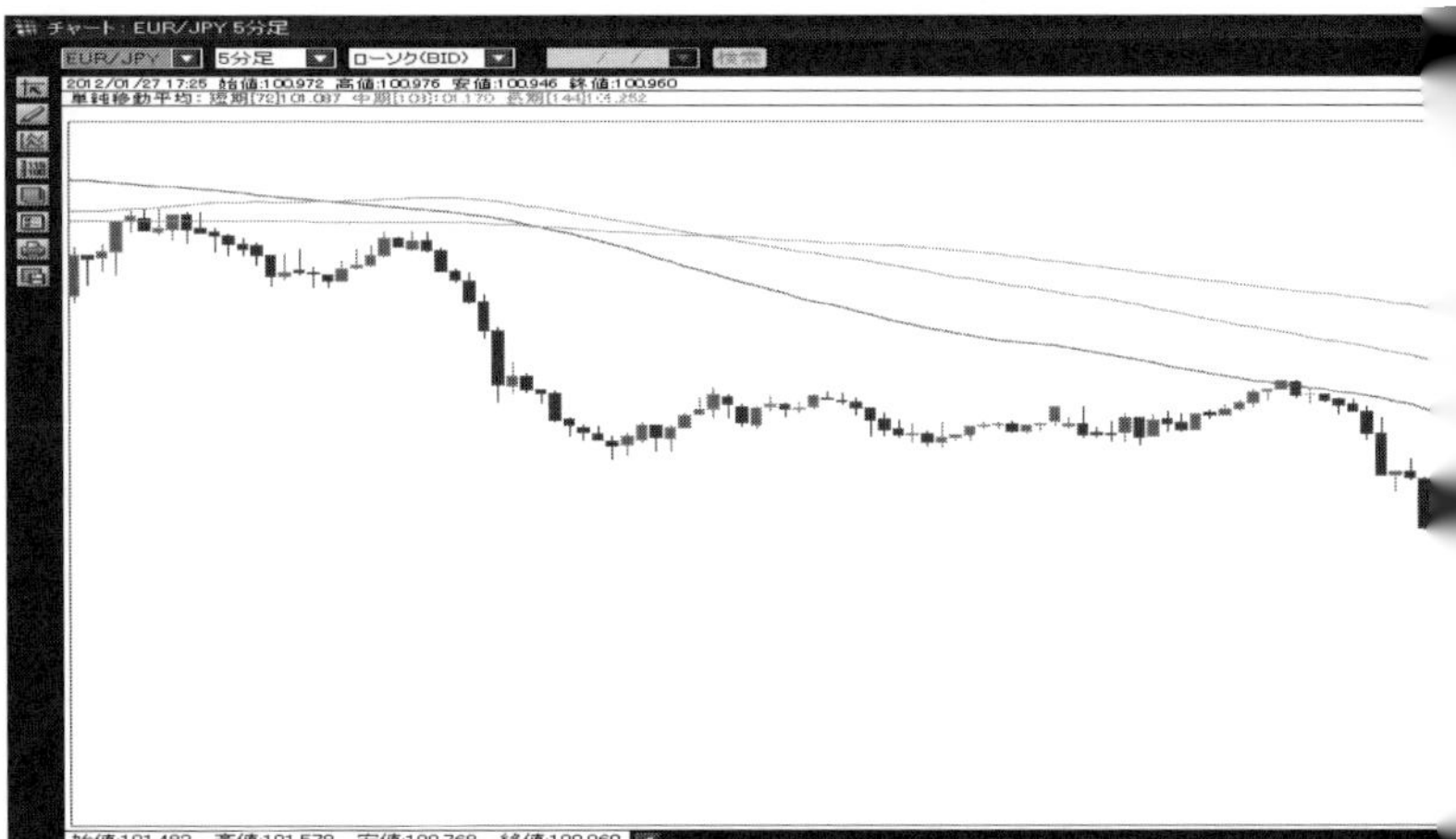

ボリンジャーバンドはＭＡＣＤとの合わせ技で読む

ボリンジャーバンドというのは移動平均線に、価格の変動率と標準偏差を盛り込んだテクニカル指標で、チャート上ではセンターライン（移動平均線）と、それを挟んだ上下2本ずつの計5本線で表示される。

センターラインに一番近い線が「プラス・マイナス1σ（シグマ）」で、逆に遠い線が「プラス・マイナス2σ」と呼ばれる。ちなみに上がプラスσで、下がマイナスσである。

標準偏差の考え方からいうと、現在の価格がプラス・マイナス1σの範囲に収まる確率が68・3％であり、プラス・マイナス2σの範囲に収まる確率が95・5％になる。つまり、現在の価格がプラス2σのラインを越えて上昇する確率は4・5％しかないため、買われ過ぎという判断が成り立つ。また、これとは逆に、マイナス2σのラインを越えて下落する確率も4・5％しかないため、この場合は売られ過ぎという判断が成り立つ。

当然、買われ過ぎていれば下落に転じ、売られ過ぎていれば上昇に転じる可能性が高くなる。したがって、ボリンジャーバンドを見ることによって、相場の転換点を把握することができる――。というのがボリンジャーバンドの一般的な使い方だが、私の場合は、別な方法で相場の転換点を把握している。

ポイントはセンターライン（21期間の移動平均線）だ。センターラインの動きを見ると、非常にスムーズな上昇、下落を繰り返していることがわかるだろう。小刻みな動きは、基本的に見られない。そして、仮に上昇しているところから徐々に横ばいになると、その後には必ず下落トレンドへと移っていく。逆に、下落トレンドが続いた後に底を打つと、その後には必ずといって良いほど、上昇トレンドへと移行していく。これが、センターラインの値動きの特徴だ。

具体的な見方だが、たとえば上昇トレンドから下落トレンドに移行する局面において、実際の価格がプラス2σに当たった後で下げ始め、センターラインを割り込んできたら、売り目線で相場をみるように判断する。ザラ場で見ると後からヒゲとなるケースもあるので、基本的には使用するチャートの引値ベースで見て、それがセンターラインを割り込んでいたかどうかというところで判断する。

私の場合、ボリンジャーバンドを見る場合には、合わせてMACDをチェックす

図表3-9　ボリンジャーバンドとMACD

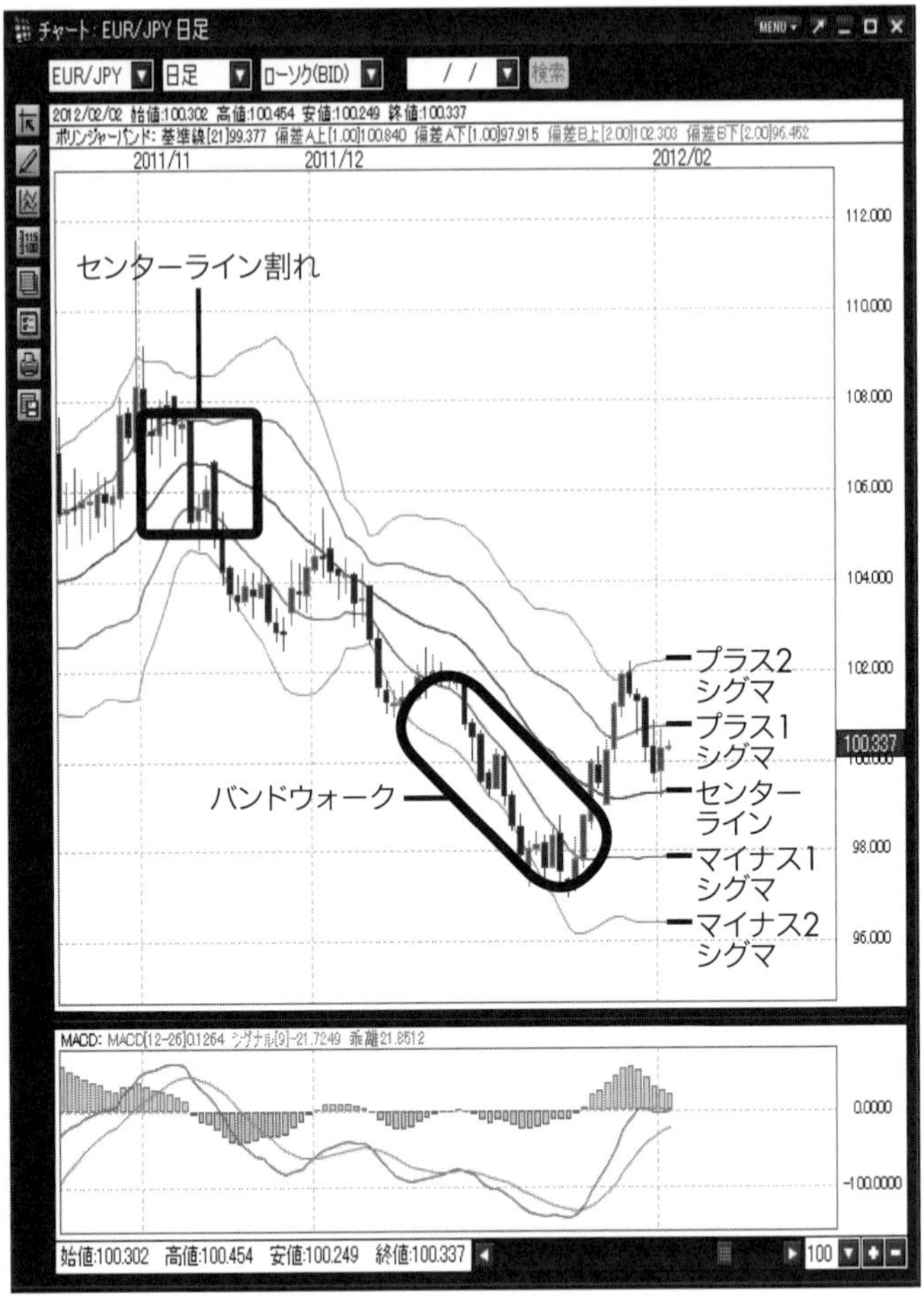

る。実際のレートがボリンジャーバンドのセンターラインを割り込んで下がってきたときに、ＭＡＣＤがシグナルを上から下に切り込んできていること、つまり乖離（ＭＡＣＤ−シグナル）がプラスからマイナスに転じていることが同時に起きているようなら、より確実な判断とする、といった具合だ。

ちなみにＭＡＣＤは移動平均収束拡散法といわれるテクニカル指標だが、２本の移動平均線の乖離＝ＭＡＣＤとＭＡＣＤの移動平均線＝シグナル線からなっている。細かい分析法には諸説あるが、私の場合はボリンジャーバンドにおける価格位置の推移を、ＭＡＣＤが示す値動きの方向性と合わせて判断するだけなので、ＭＡＣＤの方向、シグナル線との位置関係を確認するぐらいで、それほど厳密に深読みすることはない（**図表３−９**）。

ボリンジャーバンドで重要な「バンドウォーク」

前項で、ボリンジャーバンドのプラス・マイナス２σから反転してセンターラインを越えてくる動きについて触れたが、ボリンジャーバンドを見る場合、こうした動きに加えて「バンドウォーク」という動きが重要だ。

バンドウォークというのは、たとえば下落であれば、マイナス1σとマイナス2σのあいだ（バンド）に沿って、そのまま相場が下落していくといった動きである（上昇のときは、プラス1σとプラス2σのあいだに沿って上昇していく）。

このバンドウォークは、ボリンジャーバンドが収束（プラス・マイナスの線の幅が狭くなる）した後、拡散していくタイミングで現れることが多いのだが、バンドウォークになるのではないかと思われる場合、たとえば下げのケースであれば、マイナス2σを大きく抜けたときには利食いをするけれど

も、マイナス1σまで戻ってきたときには、もう一度売り直すといった売り回転を想定していく（逆に、上げの場合は買い回転を想定する）。もちろん、この間、売り回転の場合であればセンターラインはずっと下向きに推移していること、買い回転の場合はその逆というのが前提条件だ。

日足でとくに意味がある トレンドライン

チャート分析においてはよく、重要な節目となる価格などが意識されることがあり、それを越えた、越えないでトレンドの転換を論じるケースがあ

図表3-10　日足チャートとトレンドライン

る。しかし、実際には日足や時間足未満のチャートで厳密なラインを引いても、そのポイントにはそれほどの重要性はないことが多い。

チャート的な節目というのは、タイムスパンが長くなれば長くなるほど、意味をもつということだ。

トレンドラインの描き方は簡単で、いくつかの上値を結んだ線がレジスタンスライン、いくつかの下値を結んだ線がサポートラインとなる。

そして、実際のレートがこうしたラインにからんできたときには、値動きに注意しておく必要が出てくる（前ページ**図表3－10**）。

一目均衡表は遅行スパンに注目する

私の場合、1時間足チャートを見る際には一目均衡表も合わせてチェックしているが、一目均衡表のさまざまな見方のなかでいちばん大事なのは雲と遅行スパンだと考えている。

一目均衡表というのは一目山人（細田悟一）によって開発されたテクニカル指標で、

相場は買い方と売り方の均衡が崩れた方向に動くとの考えに基づいている。また変化の起こる時期を推測するために時間を重視する点も特色で、直近の売買価格帯の相場水準（転換線、基準線）、過去との価格比較（遅行スパン）、未来における購入価格帯層（先行スパン1・2、雲）などからなっている。この見方を解説していくと、それこそ分厚い本が1冊書けるくらいになってしまうのだが、私の場合は、そのなかから雲と遅行スパンという2つの指標だけに注目しているということだ。

まず、雲に対して、現在のレートがその上にあるのか、それとも下にあるのかということを確認する。雲は、サポートにもなるし、レジスタンスにもなるからだ。つまり、現在のレートが雲の上にある場合、雲の上限がサポートになる。逆に現在のレートが雲の下にある場合は、雲の下限がレジスタンスになる。そして、実際のレートが雲のなかに入ったときは、方向感のない展開になる。これが、雲と現在のレートとの基本的な関係だ。

次に遅行スパンだが、これは、いまのレート（実体部分）が、遅行スパンよりも上にいるのか、それとも下にいるのかによって、買い目線か売り目線かを判断する。遅行スパンというのは、現在のレートを26期間後ろにずらしたものだから、遅行スパンが26期間前の実体部分より上にある場合は上昇基調と見ることができる。この26期間

図表3-11　一目均衡表

チャート：EUR/JPY 60分足
MENU
EUR/JPY
60分足
ローソク(BID)
検索
2012/02/02 13:00 始値:100.377 高値:100.400 安値:100.316 終値:100.339
一目均衡表：基準値[26]99.964 転換[9]100.346 先行1[26]99.904 先行2[52]100.399 遅行[26]
01/28
01/30
01/31
02/02
雲
遅行スパン
102.000
101.800
101.600
101.400
101.200
101.000
100.800
100.600
100.400
100.339
100.200
100.000
99.800
99.600
99.400
99.200
99.000
始値:100.302 高値:100.454 安値:100.249 終値:100.339
100

というのは一目山人が設定したものだが、相場においては、それぐらいの時間の経過が一つのサイクルとして意味をもっているということであるが、私の経験上はこれが結構役に立つのである（**図表3－11**）。

1時間足チャートで「ポジションの傾き」を想像する

さて、以上のようなテクニカル指標とローソク足を合わせたチャートを、日足、1時間足、5分足という順でチェックしながらポジションの傾きを見ていく。

たとえば、2012年2月1日のドル／円でその流れをみてみよう。

まず、日足チャートをみて、ここまでの流れは何度かの円売り介入をはさみながらも、依然としてドル売りとなっていることを確認しておく（次ページ**図表3－12**）。

次に、それを前提に当日朝までの1時間足チャートの動きを読むと、インターバンクはドル売りスタンスであり、売ってはアヤ戻し、売ってはアヤ戻しという動きを続けている（次ページ**図表3－13**）。1月19日のニューヨーク時間に一度大きく戻されて、77・313の高値をつけたあと、戻り売りをしているものの意外に底堅く、売り

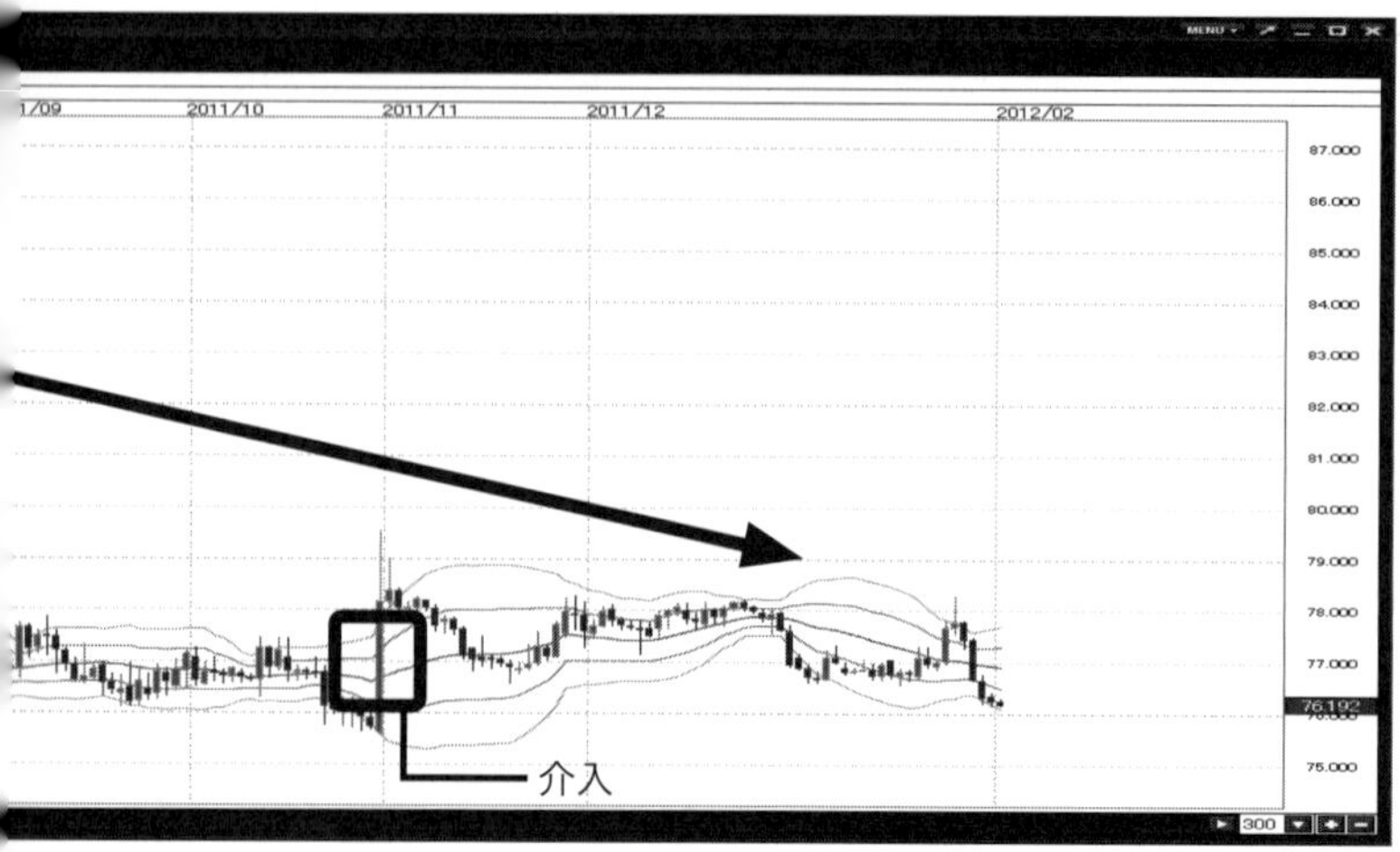

1/09
2011/10
2011/11
2011/12
2012/02
87.000
86.000
85.000
84.000
83.000
82.000
81.000
80.000
79.000
78.000
77.000
76.192
75.000
介入
300

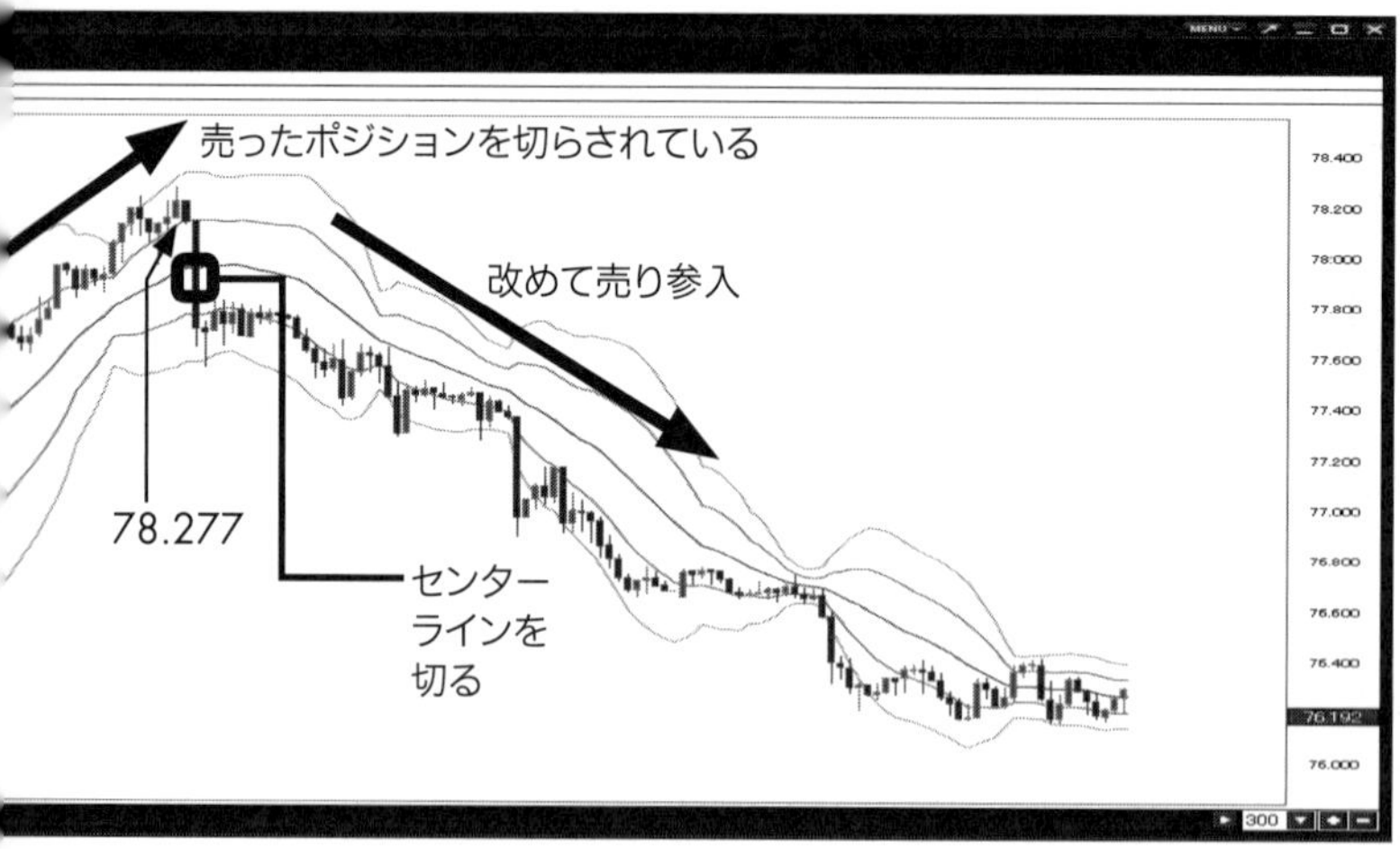

売ったポジションを切らされている
改めて売り参入
78.277
センターラインを切る
78.400
78.200
78.000
77.800
77.600
77.400
77.200
77.000
76.800
76.600
76.400
76.192
76.000
300

図表3-12　ドル円日足チャート

図表3-13　ドル円1時間足チャート（2月1日朝7時）

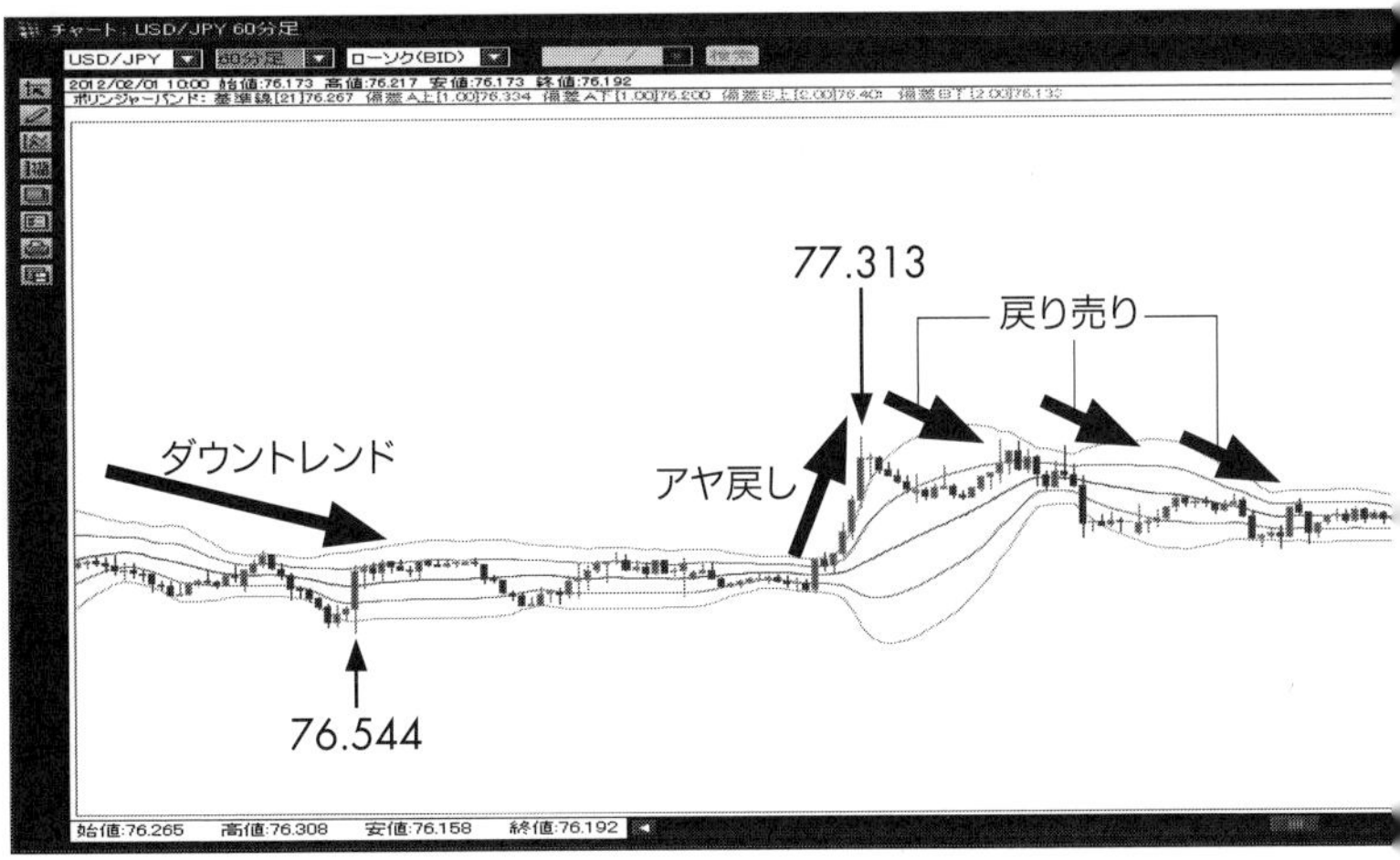

COLUMN ❷

デイトレは5分足だけにしておいたほうがよい

デイトレを行なうに際して、タイミングを取るためと称して1分足を見ると、結局そちらの動きに引っ張られて、トレードのスタンスが変わってしまうことがある。本来、狙っていた動きをとるのではなく、瞬間的なスキャルピングになってしまうといったケースだ。往々にして、それでトレードをやめたあとで1日の方向性として自分が考えていた方向にドーンと動いたりすることが多い。

また、5分足を見るのであれば、5分足にふさわしいタイミングを探すことだ。

たとえば、「このラインを逆に抜けたら売るとか、このラインを越えたら買う」といったエントリーの仕方は、どちらかといえば時間足や日足にフィットするものだ。なぜかといえば、5分足の節目を抜けたからといって、大きなトレンドが変わるかどうかはわからないからだ。したがって、いわゆる節目を抜けるといった判断は、時間足未満ではあまり使わない。

デイトレにおいても、チャートは日足、1時間足、5分足とチェックしていくが、それぞれのチャートから何を読み取るかについては区別して考えるべきで、ごちゃまぜにしてしまうと、結局どういう動きを予測して、自分がどのようなトレードをしたいのかがわからなくなってしまうことになる。

方はなかなか思うように利食うことができずに苦しい状況となっていることがわかる。そして24日のヨーロッパ時間を境にさらに戻り基調が強まった。19日のニューヨーク時間につけた77・313の高値を明確に上抜けてからは売りポジションを損切りさせられている動きである。それが一段落しているのが26日につけた78・277の高値（上ヒゲ）である。そしてその後、ボリンジャーバンドのセンターラインを一気に下抜けてから、再び売りポジションを積み上げる動きに入り、下げトレンドとなった。

今回、下げトレンドに転じた材料としては、日本時間夜中2時半からのFOMC声明と4時15分からのバーナンキFRB議長の会見で、現在の低金利を2014年終盤まで続けるとされたことである。事前予想で2014年前半とされていたためにサプライズと受け取られ、大幅なドル安に転じたものだ。

その後のチャートを見てもドル安の流れは続いており、30日のニューヨーク時間には、17日の安値である76・554を切ったことにより、一段とその動きが加速している。そして、介入が警戒される75円台入りを目前にした水準で迎えたのが2月1日朝という状況である。

したがって、このチャート以降の動きについて、デイトレの戦略を立てていくには、ドル／円は依然として下げトレンドであるが、市場ポジションはそれなりに売りに傾いているということを前提にして臨む必要がある。すなわち、何か大きな新材料がなければ、下値が一気に大きく崩れることはなく、何もなければ、相場は一定の水準まで戻っては下げという動きになりやすい状況にあるということである。

5分足チャートで「市場参加者の心理」を読む

ポジションの傾きをさらに詳しく見るために、次に使うのが5分足チャートである。5分足チャートをじっくりと見ていくと、市場参加者の心理が見えてくる。

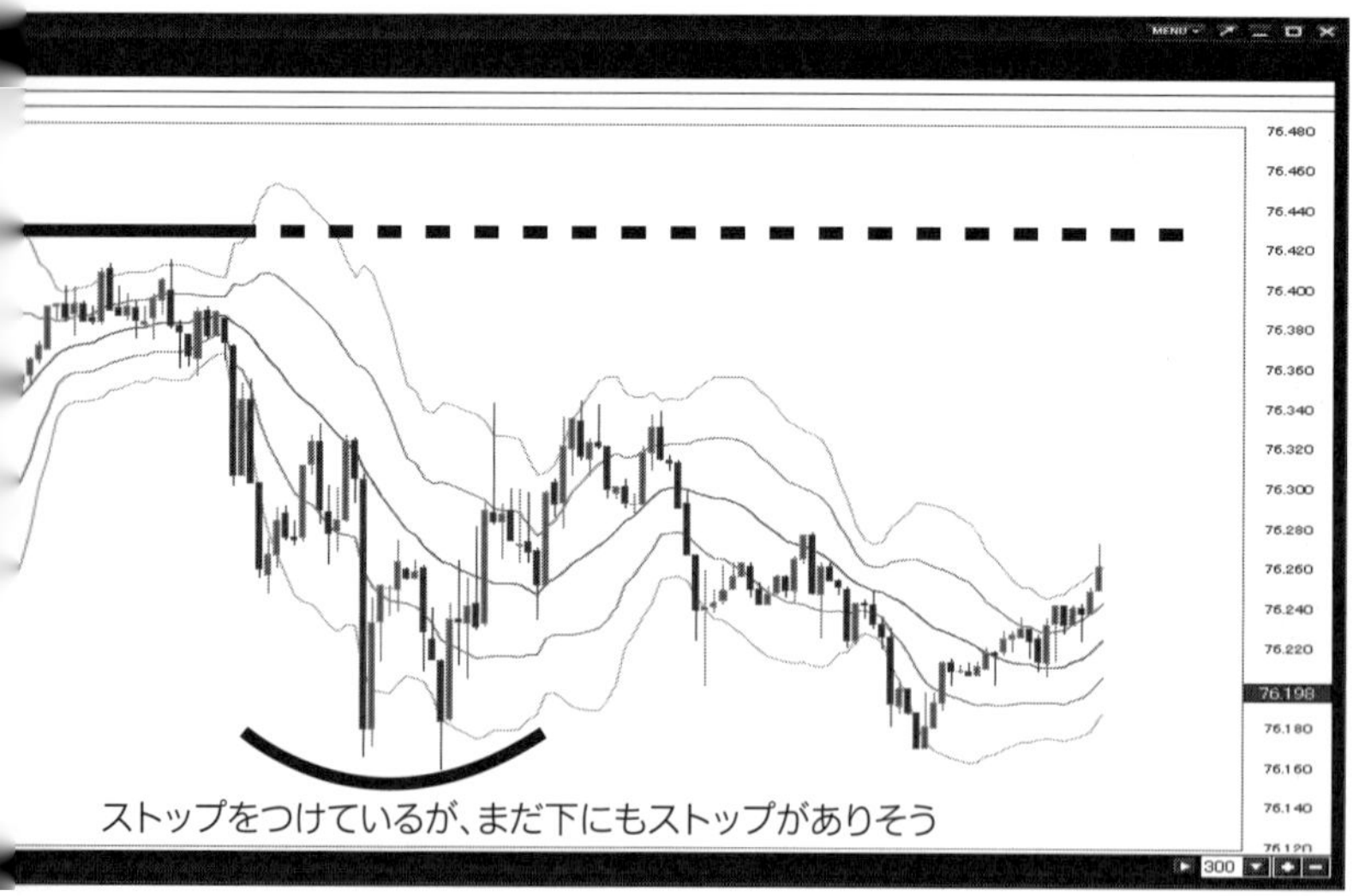

具体的には、毎朝、東京市場が始まる前に、前々日の東京市場のオープンから前日のニューヨーク市場のクローズまでの動きを、5分足で追っていく。そして、市場参加者がどのような行動を取りたがっているのかを考えていく。

どういうことかというと、「ロングポジションが溜まっていて、逃げようとしている相場なのか」、それとも「ショートが溜まっていて、ショートカバーが出そうな相場なのか」といった、ポジションの傾きについて、市場参加者の行動パターンと重ね合わせてさらに読み込んでいくのだ。

たとえば日足が下げトレンドのなか

図表3-14　ドル円5分足チャート(2月1日朝7時)

で、前日のニューヨーク市場では反発したけれども、上値に届かない状況のまま東京時間に入るという動きならば、「今日は基本的に売り優勢で、下げればさらにロングの損切りも出てくるだろう」というように予測する。チャートの動きは市場参加者のトレードの結果なので、次の動きを予測するヒントが隠れているわけだ。

さきほどの日足、1時間足の流れを前提に5分足チャート（前ページ**図表3－14**）を見ると、76・544が切れてから、76・50はおろか、76・40にも戻せていない。それだけ戻り売りが強いことがわかる。76・50割れ以下で損切りが出て、76・20近辺までストップをすでに付けたが、下がればさらにストップが出るだろう。76・00割れはストップの可能性が高い。介入警戒感はない。ただし、75円台後半ではビッドがそれなりに出てくるのではないかと読める。

参入と損切りのポイントをどう決めるか？

このように、経済指標、ニュースや要人発言とチャートや各種テクニカル指標を合わせ読み、ポジションの傾きと相場参加者の心理状況などを想像したら、最後に具体的な「売買の方向性」と「参入レベル」「損切りレベル」を決定する。

２０１２年２月１日の朝７時40分に提示したドル／円の売買方針は以下のようなものだ。

「ドル円は上値が非常に重たく戻り売り方針。インターバンクでは介入警戒感はほとんどないと思います。まあ、75円台に入って口先介入は強くなる可能性が高いですが、実弾は出せない。史上最安値更新、または75円割れからでしょうか、本当の介入警戒は。76・４００で売りから。ストップを76・９５０に置き、76円割れ、75・８５０以下で利食いをイメージします。作成時　76・２７１－２８１　７：40ＡＭ」

ストップの水準を決めた理由は、76・50－55で新規売りするインターバンクが早ければ30～35銭のやられで損切りを始めるため、76・80－85から戻り売りと損切りとが混在する水準となるなか、77円台乗せの手前で自分も76・40売りから参入することを考えると、76・95（55銭の損切り）は妥当といえるからだ。

一方、利食いの水準については、75円台に以前下がったときの買いが固かった印象が強く残っており、76円が割れた場合でも、一気に75・70－50には下がらないと考えて、75・85以下で利食いをイメージした。

以上のような売買方針に対して、その後の相場の動きがどうだったのかといえば、

図表3-15のようなものだった。

結果としては戻り売りを狙った76・400までは届かずに下落してしまい、かつ、利食いとした76円ラインも割れなかった。この理由は、全体的に動きが少ないなか、戻り売り圧力が強く、76・30が重たかったため上値が伸びなかった一方、76円をバックとしたオプションの買いに支えられて下値も割り込めず、値幅の狭いレンジ取引でアジア時間を終了することになったからだ。なお、この間の相場に対する見方については、2月1日の日中に「小林芳彦のマーケットナビ」のなかの「マーケット速報」とツイッターによって以下のようにフォローしている。

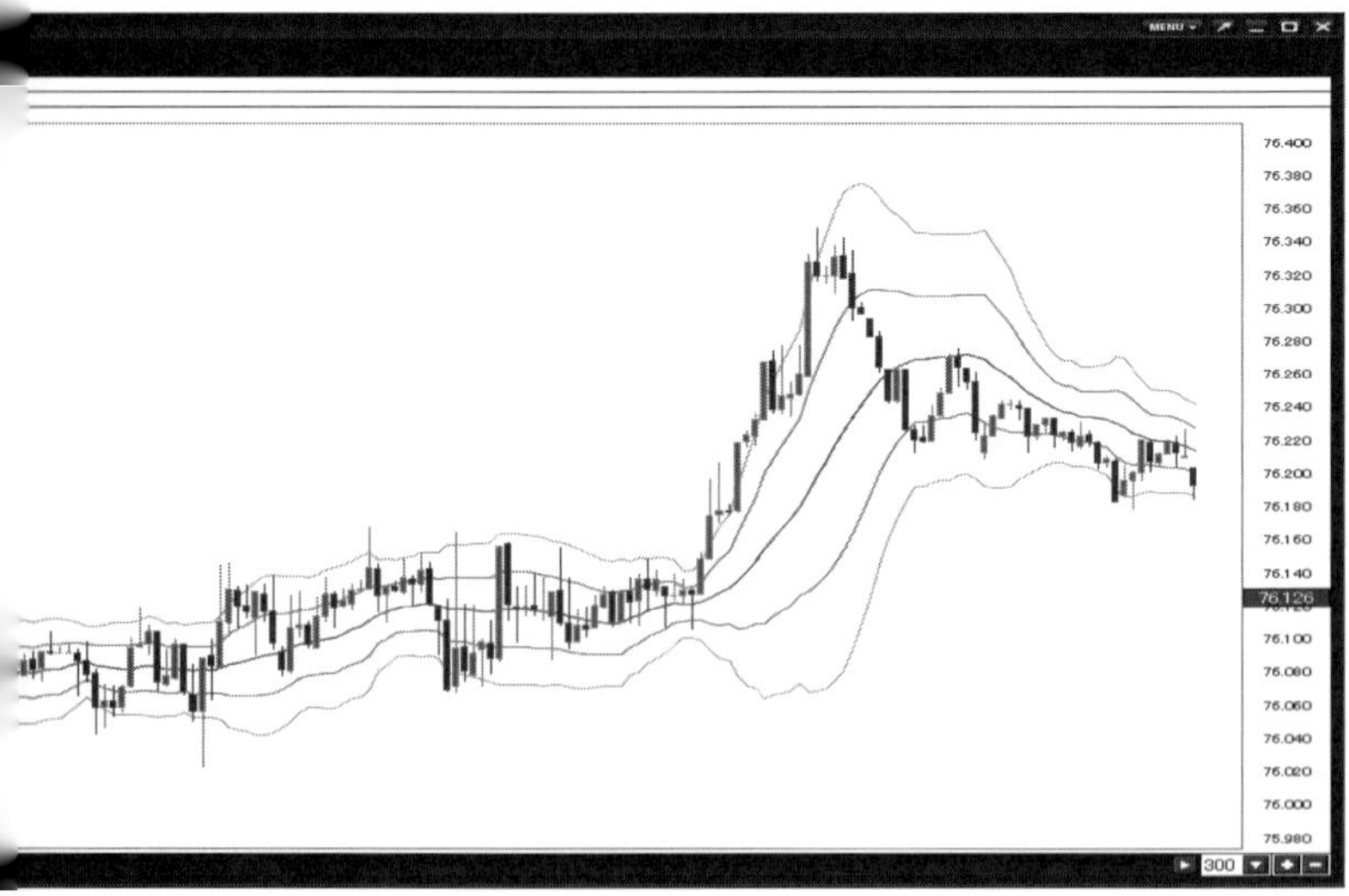

●2月1日12時22分のツイート

ドル円は朝から売りたかったのだが、76・308ビッドまでで76・400は遥か遠かった。売り水準を考えたときには76・400はきそうに思えたんだけど…。クロス円も重たくなってしまったな。

●2月1日16時42分のツイート

ドル円が崩れて76・115まで安値更新。過熱感もなく、正直介入警戒感もない。ただし76・400は売りたかったのに、76・100は売りたくない。クロス円、とくにユーロ円に引っ張られてユーロドルも一緒に下落。

図表3-15　ドル円5分足チャート（2月2日朝7時）

99・243までユーロ円も下落。突っ込みたくないからユーロドル1・3070、ドル円76・250を待つ。

●2月1日17時11分のツイート

10月31日の介入前、75・67－78で5営業日ぐらい下値を探んでた。突き抜けて介入が入ったが、75円台は固かったという印象がトレーダーたちの頭に刷り込まれていると思うんだ。実際に介入警戒感はこの水準では私は感じないけど、75円台を売りにくいのはこの記憶が邪魔するから。

相手の立場を考えながらチャートを見ることが大切

なるべく長い時間、相場とチャートを見よう

さて、ここまで見たチャートから、私が読み取ったような値動きの背後にあるマーケットの動きを感じ取ることができただろうか。

一般の個人投資家の方には、なかなかむずかしいかもしれないが、それを会得していくためのコツがある。

まずは、なるべく多くの時間、相場とチャートを見ていくことだ。そして、その際には、「相手の立場から相場を見る」ということだ。外国為替市場では、買った人と

同じだけ売った人がいる。したがって、為替レートが動きつつあるなか、いまこの相場環境のもとで、相手はどういう行動を取ろうとしているのかを考えるのだ。それは、いまの相場の値動きによって、誰が喜んで、誰が苦しんでいるのかということを想像していくことである。そしてこの先、どういう値動きをすればストップロスが出てくるのか、あるいは利食いが出てくるのかといったことを考える。

そこから、自分の参入レベルや利食いレベル、あるいは損切りレベルを決めていくことを心がけるようにすると、「相場の傾き」をうまく活かしたトレードを行なうことができるだろう。

相手の立場で物事を考えてみる

「ポジションの傾きをイメージする」際のポイントとしては、常に相手の立場から物事を考えることだ。

たとえば自分がショートでエントリーしたら、すぐにロングのポジションをもっている市場参加者の気持ちになって、市場の動きを見守るようにする。相手の気持ちになって市場の動きを見ると、自分のポジションのことだけを考えていたらわからないような相場のポイントが見えてくるものだ。

自分がドルをショートにしたら、その裏側にはドルをロングにしている市場参加者が必ずいる。

このままドル安が進めば、ドルをショートにしている市場参加者には利食いのチャンスが生じてくる。当然、どこで利食いをすれば、自分自身は最も満足できるだろうか、という視点で、利食いのタイミングをはかろうとするはずだ。

一方、ロングポジションをもっている市場参加者からすれば、何とかして、相場のキリのよいところで撤収したいと考えているに違いない。何しろ、損切りをしなければ、さらに損失が拡大するという危機感をもって、相場に対峙しているのだから。したがって、キリのよいポイントを超えてさらにドル安が進むような状況になると、「もう、これ以上は我慢できない」ということで、もっているドルのロングポジションを投げてくる。そうなると、一気に相場は下がるので、ドルのショートポジションをもっている市場参加者からすれば、絶好の利食いのタイミングが生まれてくるのだ。

また、前述したように、東京市場のドル／円においては、「利食い35銭、損切り40銭」というのが、私の経験則上のイメージだ。だとすれば、デイトレーダーの多くは、30〜35銭の幅で利益が生じたら利食い、40〜45銭の幅で損失が生じたら損切りするケースが多く、これを頭に入れてトレードをすることも有効になる。

ニューヨーク市場は予測しにくい

さて、これまで説明してきたレンジ予測の方法には有効期限がある。基本的には、東京時間がスタートしてから、欧州時間に入るところまでと考えていただきたい。なぜなら、欧州時間に入って、欧州に関する経済指標が発表されると、相場の動きはそれに大きく左右されることになるからだ。ニューヨーク市場も同じである。

とくにドルの場合、米国の経済指標が値動きに大きな影響を与えることになる。よく考えてみれば、それも当然の話だ。何しろドルは、米国の通貨なのだから。

逆に、日本で発表される経済指標が、ドル／円のレートに影響を及ぼす部分は少ないともいえる。これは、ドルと円の力関係を考えれば、わかるだろう。

したがって、日本時間の夕方から始まる欧州市場や、日本時間の深夜がメインのニューヨーク市場で取引する際には、経済指標の結果に注目した反射神経頼みのトレードにならざるを得ない。

とくに、毎月第一金曜日に発表される雇用統計の数字は、ドル／円を大きく動かすので要注目だ。ちなみに雇用統計が発表される時間は、夏時間の場合だと日本時間の午後9時半、冬時間だと午後10時半になる。

その他、海外市場での動きを予測するうえで注意すべき点は、ロンドンフィキシングと呼ばれる時間帯だ。これは、ロンドン時間の16時（夏時間なら日本時間の午前零時、冬時間なら午前1時）のことで、この時間帯には、大口顧客の取引が出てくるケースが多く、それがマーケットを大きく動かすことになる。

また、ニューヨークのオプションカットと呼ばれる時間帯も要注意だ。これは、ニューヨーク時間の午前10時（夏時間なら日本時間の午後11時、冬時間なら午前零時）が該当する。この時間帯にはニューヨークカットのオプションがあるため、やはり為替相場が動意づきやすい。このオプションの存在と為替レートの動きについては、次項以降で詳しく解説しているので参考にしていただきたい。

オプション取引による特有の動きを活用する

The misfortune of others is taste of honey

オプション取引の基本

オプション取引も、為替レートの形成に大きな影響を及ぼすことが多い。したがって、レンジ予想をする場合には、どのレート水準に、どのようなオプション取引のポジションがあるのかという情報を把握しておくと、より予想の確度が上がる。

オプション取引とは、ある投資対象を、あらかじめ決められた価格で売買するための権利を取引するというものだ。

まず、売る権利であるプットオプションを例にとって、オプション取引の基本について解説しておこう。

現在のドル／円のレートが1ドル＝80円だとしよう。いま普通にドルを売れば、1ドル＝80円で売ることができる。では、2カ月後にドルを売る必要があるとしよう。日本の輸出企業のように、製品を輸出した代金が、2カ月後にドル建てで入金されてくる場合などが、これに該当する。

当然、2カ月後も1ドル＝80円である保証はどこにもない。場合によってはドル安が進み、2カ月後には1ドル＝76円になっているかもしれない。いまドルを売れば1ドル＝80円なのに、実際に売却するときには1ドル＝76円になっていたら、この輸出企業は4円分の為替差損を被ることになる。

当然、輸出企業としては、この為替リスクは極力軽減したいと考えるだろう。そこでオプション取引の出番になる。

前出のような状況のもとで、2カ月後に1ドル＝80円でドルを売ることのできる権利があるとしたらどうだろう。もし、このオプションを買っておけば、2カ月後もいまと同じ為替レートで、入金されてきたドルを売ることができるのだから、この輸出企業にとっては、非常にうまみのある話である。

このように、将来のある時点で「売る権利」のことをプットオプションという。逆に、「買う権利」はコールオプションだ。

プットにしてもコールにしても、オプションを買うときには、「プレミアム」というオプション料を払う必要がある。要は、オプションを買うための代金だ。

もし、2カ月後に1ドル＝76円になっていたら、1ドル＝80円でドルを売ることができるプットオプションは非常に高い価値をもつことになる。つまり、プレミアムは値上がりする。この時点で、「1ドル＝80円でドルを売ることができる権利」を行使すれば、実際の為替レートが1ドル＝76円でも、このプットオプションの保有者は、1ドル＝80円でドルを売ることができるため、為替リスクをヘッジできたことになる。

また、このプットオプションそのものを他の投資家に売却することによって、プレミアムの値上がりを利益として確保することもできる。

逆に、1ドル＝83円になっていたとしたらどうだろうか。

この場合、「1ドル＝80円で米ドルを売ることができる」という権利を行使しても、何のメリットもない。市場を通じて売却すれば、1ドル＝83円になるからだ。そこで、プットオプションを購入する際に支払ったプレミアムは無駄になるが、そのまま権利を放棄する。勘のよい方なら、何となくわかると思うが、オプション取引というのは、掛け捨て保険のようなものなのだ。

説明したのは、オプション取引の基本であり、最も仕組みの単純なタイプである。これをプレーン・バニラ、もしくはバニラ・オプションという。

巨額のオプション取引は相場に影響を及ぼす

さて、こうしたオプション取引が為替レートに及ぼす影響について考えてみよう。

実際のところ、前述したようなバニラ・オプションの場合、為替レートに及ぼす影響は、ほとんど考える必要がない。普通にコールやプットを売買するのに伴って為替レートを何か作為的に動かそうといったインセンティブが働くことはあまりないからである。

ただし、単なるバニラ・オプションでも、トレードの額が巨額になると、やはりマーケットに影響を及ぼすケースがある。

たとえば1ドル＝82円でドルを売れる権利を1億ドル分、もっているとしよう。プットの買いなので、すでにプレミアムも支払っている。

1ドル＝82円のプットオプションをもっているということは、将来、1ドル＝82円のドル売りポジションをつくれるということだ。そして、いまの為替レートが1ドル＝81円だとしたら、そこで1億ドル分のドルを買う。

この状態で、たとえばドルが1ドル＝80円まで下落したとする。当然、1ドル＝81円のドル買いポジションには損失が生じるが、一方、1ドル＝82円で売れるオプションももっているわけだから、1ドル＝82円で1億ドル分のドル売りポジションをつくることができる。実質的には、1ドル＝81円で1億ドルの買い、1ドル＝82円で1億ドルの売りというポジションをつくることができるため、1円幅の利益を確保することができる。

あるいは、1ドル＝81円で1億ドルを買ったところ、1ドル＝82円70銭までドル高が進んだとする。

このような場合は、ひとまずオプションを見合いにつくった1ドル＝81円のドル買いポジションを82円70銭で売り、利益を確定させればよい。そうなると、今度は1ドル＝82円でドルを売る権利だけが残ることになるが、これについては、再び1ドル＝82円を割り込む場面が生じてきたところで、もう一度、1億ドル分を買う。何をしているかといえば、結局、オプションの価格をはさんで、上を売って下を買っているわけだ。

その結果、1ドル＝82円というオプションのストライクをはさんだ上下のところで、巨額の売りと買いが錯綜することになる。結果、為替レートは徐々に、1ドル＝82円に収斂していく。つまり、巨額の資金でオプション取引が行なわれていると、徐々にストライクに向かって、相場が収斂する可能性が高まる。つまり、動きが小さくなっていくといった影響を及ぼすことがあるのである。

防戦取引が発生する「エキゾチック・オプション」

このバニラ・オプションにさまざまな条件を付与し、プレミアムを安く設定したものが「エキゾチック・オプション」と呼ばれるタイプのオプション取引だ。

たとえば、1ドル＝80円のとき、1ドル＝79円でドルを売ることができるプットオプションがあるとする。マーケットではドルのダウンサイドリスクが高まっており、今後、1ドル＝78円、77円というように、ドル安が進む可能性が高まってきた。このような状況になると、1ドル＝79円でドルを売ることができる、このプットオプションのプレミアムは、どんどん値上がりしていく。

輸出企業などのなかには、このオプションを買いたいのだけれども、プレミアムが高いので買えないという顧客が、当然のことながらいるはずだ。そこで、一定の条件を付与することによって、プレミアムを安くするという方法がある。

どういう条件かというと、たとえば「1ドル＝79円でドル売りの予約をつくります。しかし、いくら何でも1ドル＝76円までドル安が進むことはないでしょうから、1ドル＝76円がついた時点で、1ドル＝79円でドルを売ることのできる権利が消滅するという条件を付けさせていただきます。その代わり、プレミアムは通常のプットオプションに比べて、3分の1に抑えてあります」といったものだ。

このように、一定の条件を満たしたときに権利が消滅する条件のことを「ノックアウト条項」という。

逆に、一定の条件を満たしたときに権利が発生する条件は、「ノックイン条項」だ。

このように、ノックイン、ノックアウト条項が付いたエキゾチック・オプションというのは、リスクと引き換えに、プレミアムが安くなるのが特徴だ。前出のノックアウト条項の場合だと、1ドル＝76円までドル安が進んだとき、本来ならプレミアムの価値が大きく上昇しているはずの、1ドル＝79円でドルを売れる権利が消滅してしまうからだ。

本来、オプション取引というのは、リスクを回避するために行なわれるオペレーションなのだが、いざ、そのリスクが発生したときにオプションが消滅してしまうというのは、よくよく考えてみるとおかしな話ではある。

このことは逆にいうと、仕方なくその下でノックアウトをつけられると、仕方なくその下で再びヘッジのために売らなければならない人（＝輸出企業など）が出てくることを意味しているから、下げを加速させる元になる。ノックアウトが集中している価格帯での相場への影響として覚えておくとよいだろう。

ちなみに、ノックアウトをつけてオプションを消滅させる（ノックアウト価

格への下落を仕掛ける）のは、そのオプションを売った当の銀行や大口の投機筋といった一部のプロフェッショナルが多い。なぜかといえば、彼らは誰よりも、どのポイントにノックアウトがあって、それを潰せば自分がオプションを行使されなくなって得だとわかっているからだ。自分たちが顧客のためにつくった壁を自分たちで壊しているようなものだ。一方、ノックアウトをつけられたくない輸出企業などが、後述する投機筋のようないわゆる防戦買いを行なったりすることはない。そもそも、そうしたトレードに使うお金もないし、本来はヘッジのために売らなければならないところで、防戦買いなどして失敗でもしようものなら、会社に対する申し開きもできないからだ。

これをみても、為替市場はえげつないところだとよくわかる。

「ダブル・ノータッチ・オプション」が大好きな某中国系銀行

為替レートに影響を及ぼすオプション取引ということでもっとも覚えておくべきなのは、ダブル・ノータッチ・オプションの存在である。これは、確かに為替レートを動かすだけのインパクトがある。

ダブル・ノータッチ・オプションというのは、文字どおり、為替レートが動く一定のレンジを想定し、一定期間内にその上限・下限のどちらにもタッチしなければ、高いリターンが得られるというエキゾチック・オプションの一種である。

いまの為替レートが1ドル＝80円だとしよう。そして、今後3カ月間、1ドル＝81円（上限）と、1ドル＝79円（下限）の両方にタッチしなければ、支払ったオプションプレミアムが、何倍かになって返ってくるといったものだ。

払ったプレミアムの何倍を受け取ることになるかという倍率をペイアウトといい、ペイアウト10倍であればプレミアムを1000万円払って受け取りは1億円、ペイアウト20倍といったら1000万払って受け取りは2億円ということになる。当然のことながら、「両方つかなければ」という条件なので、期間が長く、値幅が狭くなればなるほどつく可能性が高くなるため、ペイアウトは高くなる。このように残存期間とレンジの設定によってペイアウトを変えることができるわけだが、一般的には10倍以上になっているのが普通である。

この仕組みを考えれば、通常のオプション取引が、輸出入業者が貿易取引によって生じる為替リスクを軽減させる目的で用いることができるのに対し、ダブル・ノータッチ・オプションの場合は、貿易取引に伴う為替リスクの軽減を狙うものではなく、単なる投機であることは明白だろう。

実はこの手の取引を、アジア時間で好んで行なっているのが、某中国系銀行だ。

オプションをめぐる売り方と買い方の攻防

なぜ、このダブル・ノータッチ・オプションが為替レートに大きな影響を与えるのかというと、第一に、この取引が完全な投機であること。そして、このオプションの買い方は、マーケットが動いたとき、レンジの上限・下限にタッチしないように、その上限・下限の手前で防戦買いや防戦売りを展開してくるからだ。

たとえば、1ドル＝80円のときに、1ドル＝83円（上限）、1ドル＝77円（下限）というストライクを設定したペイアウト10倍のダブル・ノータッチ・オプションを組んだとしよう。残存期間は3カ月間だ。つまり、今後3カ月以内に、1ドル＝83円にも、1ドル＝77円にもタッチしなければ、このオプションの買い方は、支払ったプレミアムに対して10倍の利益を得ることができる（このオプションの売り方は、受け取ったプレミアムの10倍を支払う）。

最初の2日、3日のあいだにドルが急落して、1ドル＝77円50銭までドル安が進んだとしよう。この場合は、残存期間がまだ3カ月近くあることを考えると、運が悪かったということで、最初に支払ったプレミアムを諦めることになるのが普通だろう。もちろん、オプションを買うために支払ったプレミアム以上の損失を被ることはない。

ところが、2カ月と25日が経過したところで、1ドル＝77円50銭だったら、どうなるだろうか。残り5日間さえ耐えれば、手元には支払ったプレミアムの10倍の利益が転がり込んでくる。最初に払ったプレミアムが1000万円だとしたら、何と1億円の利益が入ってくる。しかも、たった5日間だけ持ちこたえればよいのだ。

このような状況になったら、オプションの買い方は、絶対に1ドル＝77円がつかないように、市場でドルの防戦買いを行なうだろう。何しろ1億円の利益が入ってくるのだから、必死になってドルを買おうとするはずだ。

逆に、オプションの売り方は、1ドル＝77円をつけさせる、すなわちノックアウトさせるためにドルを売るだろう。

ここでレンジの下限である1ドル＝77円の水準を巡って、売り方と買い方の攻防があるわけだが、為替相場には当然のことながら他の参加者もいるから、ことはそう単純ではない。

一筋縄ではいかない参加者たちの動き

このとき、そのようなオプションの存在がマーケットに知られていたらどうなるだろうか。レンジの下限にタッチさせれば、オプションの買い方はギブアップすることがわかっているのだから、ドルを売ろうとするものが大勢出てくるだろう。逆に買い方につくものも出てきて、場合によっては代理戦争となる。

そこでどういう動きが起こるのか。

たとえば、他の参加者も巻き込んだ防戦買いが功を奏し、こう着が崩れてドル高に向かい始めたとしよう。そして、レートが戻る過程で、買い玉を回転させた結果、最初に支払ったプレミアム分は稼ぎ出してしまった。すると、このオプションの買い方にはかなり心理的なゆとりが生まれてくる。

この段階で、今度はだんだん上値が下がってきたとする。相変わらず防戦買いは続いているので、下値は同じところで止まっているものの、上値が下がってきて、買い方に不利な情勢となってくる。ここで、オプションの買い方が何を考えるかといえば、「すでに実質的な損はないわけだから、防戦買いをするふりをして、売る」ことを考える。防戦で買いがあるだろうと思っている他の投資家が、付和雷同的に1ドル＝77円の少し手前で買ってくるのを、自ら潰しに回るのだ。その結果、防戦買い期待で買っていた77円が潰され、損切り売りによって大きくドル安が進む。そうなれば防戦買いから売りに転じた買い方は、自分のドル売りポジションを、損切り売りが出ている最中にどん底で再びしっかりと利食うことができるというわけだ。

このように、ダブル・ノータッチ・オプションに絡んだポジションが、相場参加者たちのさまざまな思惑をともなって、為替レートを大きく動かすことになる。

したがって、実際にポジションを取るにあたっては、ダブル・ノータッチ・オプションがどこにあるのかということと、それに関係してどのような動きが出る可能性があるのかを、事前に考えておく必要がある。

また、ダブル・ノータッチ・オプション以外にも、為替レートに影響を及ぼす取引、たとえばワンタッチ・オプションや他のデジタル系のオプション取引が存在することもあわせて考えておく必要がある。

どこにどういうオプションがあるのかといった情報は、ＦＸ会社が提供しているニュース欄などでも出ているので、それが参考になるだろう。

第4章 The Misfortune of Others is Taste of Honey

売買テクニックよりも大事な資金管理術

資金管理ができていないと宝も持ち腐れになる

勝率6割でも9割が利益を残せなかった不思議

為替のトレードで勝つための方法というと、おそらく多くの人がテクニカル分析の方法や経済指標の見方、あるいは細かい売買テクニックにばかり関心が向いてしまうと思う。

もちろん、相場に勝つためには、こうした要素が重要であることはいうまでもない。テクニカル分析やファンダメンタルズ分析に関する最低限の知識がなければ、相場と対峙することはできないし、エントリー、イグジットに際しての最低限の決まりごとは身につけておかなければならない。

ただ、本当はそれよりも大事なことがある。

テクニカル分析やファンダメンタルズ分析などに比べて、あまりにも地味なので、多くの投資家が、実はその重要性に気づいていないのだが、それは「資金管理」、つまりマネー・マネジメントの技術だ。もっとわかりやすくいうと、証拠金の管理のことである。

これはある実証研究だが、100人のトレーダーを集めて、勝率6割のシステムトレードを用いて1年間運用した結果、収益を残すことのできたトレーダーは、わずかに5人しかいなかったというものがある。勝率6割といえば、イチローの打率よりもはるかによいのに、まったく利益が残らなかった投資家が、95%を占めたということだ。

「そんな、バカな…」という声が聞こえてきそうな結果だが、これは事実である。

では、どうして95%ものトレーダーが、勝率6割というお宝のようなシステムを回しても利益を残すことができなかったのか。

その最大の要因が資金管理にある。つまり、大半のトレーダーは、いくら勝率が高いトレード手法をもっていたとしても、資金管理の手法を知らなかったがために、資金効率が悪くなったか、途中で資金が枯渇したかして、結果的に利益を積み重ねていくことができなかったのだ。

実際、個人投資家に対して、「トレードをする際に最も注意している点は？」と聞いたら、「資金管理」と答える人はほとんどいないだろう。おそらく市場参加者の大半が、資金管理の重要性を知らないのではないかと思う。それだけに、資金管理のノウハウをしっかり学べば、他の投資家よりも有利な立場に立つことができ、きちっと利益を残していくことが可能になるはずだ。

ヘッジファンドが実践する資金管理の基本原則

そもそもトレードというのは、毎回毎回、絶対に勝てるということはあり得ない。勝ったり負けたりしながら、たとえば1カ月間のトータルでみたら儲かっている、あるいは1週間のトータルでみたら儲かっているという状況であれば十分だ。

そういう前提で、1回あたりの損失を3％でやるのであれば、１００万円の証拠金ならば30回はポジションを取れることになる。おそらく、その回数を連続して全敗することはないだろう。しかし、証拠金を100万円入れて、1回あたり30万円、50万円と負けていれば、3回ぐらいは続けて負ける可能性もあるから、資金不足から強制ロスカットに至る可能性はかなり高い。

そのようなことにならないために、必要不可欠なのが資金管理である。まず海外のファンドマネジャーが資金管理をするうえで、よく用いている一般的な概念から説明していこう。

ファンドとは、ヘッジファンドでも投資信託でも何でもよいのだが、要は多数の人たちから資金を募り、集まったお金でもってさまざまな投資を行ない、その投資の成果を、ファンドの保有者に還元するというビジネスだ。当然、人のお金を運用しているわけだから、結果が残せなければ、ファンドに集まった資金は解約によってなくなってしまう。運用資金がなくなれば、それ以上、ファンドの運用を継続することもできなくなってしまう。

したがって、ファンドの運用管理を行なっているファンドマネジャーは、投資対象の選定もさることながら、いかにして集めた資金を確実に増やし、収益を残していくかということのために、資金管理をしっかり行なっている。

では、実際にどういう点を彼らは注意しているのだろうか。まず、次の計算式を見ていただきたい。

「当初証拠金額」－「保有しているポジションの必要証拠金」＝「使っていない証拠金の金額＝コア・エクイティ」

このコア・エクイティに対して、損切りの水準をどう設定するかというのが、資金管理の第一歩だ。基本的には1回のポジションをつくるに際して、コア・エクイティの1％を損切りの水準に設定しているファンドが多い。

当初証拠金額というのは、実際にFX会社に預託している証拠金額だ。仮に、当初証拠金として100万円を預けた状態で、まったくポジションをもっていない場合のコア・エクイティは、100万円になる。

その1％を損切り水準にするということは、1万円の損失が発生した時点で損切りを決断することになる。

たとえば、1ドル＝85円の水準で1万米ドルを買った場合だと、実質的には85万円相当の取引を行なっているわけだから、85万円が84万円になった時点で、損切りを決断することになる。つまり、1米ドル＝84円というのが、建て玉が1万ドルの場合の損切りの水準だ。

レバレッジを上げ、同じ証拠金に対して2万ドルを買い建てていたとすると、実質的には170万円相当の取引を行なっているので、これが評価額で169万円になったところが、ゲームオーバーの水準になる。2万米ドルの評価額が169万円になる為替レートの水準は、1米ドル＝84円50銭だ。

では、すでにポジションをもっていて、そのポジションに20万円の証拠金を使っているとする。そうなると、コア・エクイティの金額は、

100万円−20万円＝80万円

になる。したがって、次に新しくつくるポジションに認められる損切りの水準は、その80万円の1％なので、8000円の評価損が生じたところになる。

仮に、1米ドル＝85円で1万米ドルの買いポジションを新しくつくった場合、85万円の評価額に対して8000円の評価損が生じたところで損切りになるということは、1米ドル＝84円20銭が、損切り水準になる。

どうだろうか。おそらく、実際に多くの投資家が行なっているトレードに比べて、

図表4-1　ポジション量と損切りについて

初期投資金額(Starting Balance)－
オープン・ポジションの必要証拠金＝
使っていない証拠金の金額

投資金額	コア・エクイティ	損切り基準	持ちポジション	損切り
1,000,000円	1%	10,000円	1万USD	1円
			2万USD	50銭
			5万USD	20銭
			10万USD	10銭

100万円の証拠金で、5万ドル以上のポジションを持つことが、
実践的にはほぼ不可能だということがわかる

デイトレードだとして、ストップロスを40～50銭でかけることを考えている場合には、ポジションは1万ドルではなく2万ドルが適切。ポジション5万ドルは証拠金に比べて金額的に大きすぎると判断される。

⬇

長期間にわたって利益を上げるためには、
1回のトレードリスクを軽くしておく必要がある

マネー・マネジメントで適正と考えられているポジションの額は、非常に小さいということに気づかれたと思う。長期間にわたって安定した収益を重ねていくためには、1回あたりのトレードのリスクを、できるだけ小さくしておく必要があるので、ファンドにしてみれば、1%というのが損切りの水準としては妥当なのだと思う（**図表4－1**）。

とはいえ、多少トレードに慣れてきたら、もう少しリスクを取ることも可能になるかもしれない。それでも、せいぜい損切り水準は3〜5%というのが、妥当な水準だろう。仮に3%の損切り水準を置き、100万円の証拠金でポジションを建てる場合の損切り額は3万円となる。3万通貨のポジションならば損切り幅は1円、6万通貨で50銭、10万通貨で30銭となるので、一般の個人投資家の感覚としてはちょうどいいぐらいではないだろうか。レバレッジでいうと証拠金100万円に対してポジション2万米ドルで約1・7倍、3万米ドルでも約2・5倍。現在の規制上限レバレッジ25倍で取引することがいかにリスクが高いかおわかりいただけよう。

なお、短期トレードを行なう際には、1日のなかで数回のトレードを行なうということも、珍しくない。その際に注意しなければならないのは、連敗した場合の対処法だ。往々にして、負けが続くとつい熱くなり、「次は必ず損を取り戻してやる」などという考えが頭をよぎって、無理なポジションをもってしまう恐れがある。くれぐれも冷静な対応が必要だ。そして冷静さを維持するためには、連敗したときには思い切ってポジション金額を少なくする、あるいは3回損切りしたら、その日はもうそれ以上トレードをしないようにするなど、自分なりのルールをもつことも必要だ。一度、相場から離れると、意外なほど冷静さを取り戻すものである。

1回のトレードのやられを少なくすることの効用

ところで、どうしてこのようなマネー・マネジメントが必要なのだろうか。

ひとつは、1回のトレードで大きく負けてしまうと、それを取り戻すことがむずかしくなるからだ。

たとえば100万円のお金を入れてポジションをとり、50万円やられたら損切るといった無茶なトレードをすると、たった1回のトレードで証拠金の半分を失ってしまって、次がないという状況となる。たとえば、1回目に50万円を失ってしまえば、リトライをするときの建て玉は、その分小さくせざるを得ないから、同じ金額を取り戻すだけでも、大きな値幅を狙わなければならなくなる。相場は自分の都合で大きな値幅を狙わせてくれるものではないから、大きく狙えば負けることが増え、結果的には全部失ってしまう可能性が高くなるものなのだ。

だから、最初から証拠金の比率で考えて、機械的にトレード1回あたりのリスクを小さく抑えていくことが大切なのである。

次に、1回のトレードで大損をすると、次にたとえ正しい入り方をしても、怖くなってすぐ利食ってしまったりするなど、調子が狂うということがある。いわゆる怖くなって手が縮まるというやつだ。

こうなると、たとえば相場観は正しくて、うまく大底で買えているにもかかわらず、「たった15銭で利食った後、2円上がりました」といったことが起こる。みなさんにも経験があるだろう。一方、ある程度、勝っているときには、心に余裕ができるので、損切りになってもどうせチャラだから、ストップロスを少し深くしてみようといった考えになり、結果として大きく利食いできたりするものだ。場合によっては、上がってきたところで利乗せをして、さらに大きく利食うことができるかもしれない。

要するに、大きく負けるとリズムを壊してしまうのである。人間は所詮、生身の生き物だから、トレードをするにあたって、精神的な影響を避けることはできない。

だからこそ、大事なことは、1回のトレードでのやられを最小限に抑え、仮に損失を被ったとしても、できるだけ短い時間で損失を取り戻せるようにすることだ。そうすれば、精神衛生上も非常に望ましく、余裕をもったディーリングが可能になる。

儲かった分についてはリスクを増やしてもOK

負けているときに高いリスクをとって取り返すのが「プッシュ」と呼ばれる勝負方法だ。これはたとえばポーカーのようなギャンブルで用いられることがある。

10ドル負けたら、掛け金を2倍の20ドルにして勝負する。さらに負けたら掛け金を40ドルにして勝負する…といった具合に、掛け金を倍々に膨らませていくものだ。こうすれば、たとえ負け続けたとしても、最後に1回勝てばチャラになる。

人間というものは、たとえば4、5回続けて負けると、次には勝つ確率が高くなると勘違いしがちだが、実際には、何回負けが続いても、次に勝つ確率が高まることはなく、勝つ確率は常に同じである。

FXにおいても同様だから、当初からポジション金額を増やして大きなリスクをとったり、負けを取り戻すために大きなリスクをとったりすることは無意味である。

一方、意味のある考え方は、「勝っているときにはリスクを多少大きくする」というものだ。

たとえば、当初の証拠金が100万円あり、ポジションサイズは2万ドルを基本にトレードを始めた場合に、たとえばこれが半年後に130万円まで増えたら、ポジションサイズは2・6万ドルを基本にすべきであるが、当初にくらべて儲かっている30万円の証拠金分については、もう少しリスクをとって、全体のポジションを増やすことを考えてもいい。

私の感覚でいえば、当初のリスク値を1%だとすると、儲かった分については5%ぐらいにしてもいいと思う。そうすることによって、リスクを限定しつつ、大きな儲けを狙っていくことが可能になる。

ナンピンをうまく使って負けを小さく抑える

やられを小さくするのに役立つテクニックがナンピンだ。ナンピンとは「難平」と書くが、要は自分のもっているポジションに損失が生じたとき、そのポジションと同一方向で、かつ同金額のポジションを新規に立てて平均コストを有利にすることだ。ナンピンについてはトレードの入門書などで「厳禁」と書かれているものもあるが、頭から封じ手にしてしまうよりも、効能と副作用をきちんと踏まえたうえで、うまく利用したほうがよい。

たとえば、80円70銭で買ったものがズルズルと下がってきて、80円50銭でナンピンをかけるとアベレージは80円60銭になる。

実際の相場だと、これが80円45銭ぐらいまで下がった後、80円55銭ぐらいまで戻るけれども、80円60銭（すなわち。自分のコスト）まではいかない、といったケースが多いだろう。

この場合、たとえば80円65銭まで戻れば利食うことができて、さきほどのナンピンは正解だったということになる。しかし、相場というものは、「あと3銭、4銭、5銭」ぐらいまではコストに近づいても、届かないものである。

こういう場合、そこで潔く損切りするのがインターバンクのマナーというものだ。ナンピンをかけたあと、80円45銭まで落ちた時点で、1ユニットにつき15銭、トータルで30銭はやられていたものが、たとえば80円57銭まで戻って、トータルで6銭のやられですんでいるのだとしたらそれで御の字だと思わなければならない。

これを私は「シングル切り」と呼んでいる。なぜなら、一つのユニット単位で考えたら、やられが10銭以内に収まっているからだ。つまり、ナンピンのコツは、「ナンピンをかけて、10銭以内までやられが小さくなってきたら切る」ということだ。

これを自分の買いコスト、もしくは利食いができるところまで引っ張ろうというのは強欲というものだ。

そもそも最初からやられていたポジションで、一回だけナンピンしてみようと思ってナンピンをかけているのだから、このナンピンは、「利食うため

のナンピンではなくて逃げるためのナンピン」、もしくは「やられを小さくするためのナンピン」なのである。

したがって、ナンピンをしたことによって、当初よりもやられが小さくなっているのであれば、それで正解としなければならない。

私の経験上、相場の神様は、損失ゼロの撤退は許してくれないかもしれないけれど、少しやられての撤退は許してくれるケースが多いものだ。みなさんの経験でも、損失に転じたあと、1回ぐらいはフッと戻るけれども、オリジナルのコストまでは戻らないで崩れて、そこからまたフッと戻るけれども、最後はズドンと落ちていくといった動きは身に覚えがあるのではないか。

相場というのは心理的なものだから、「もう少し戻って欲しい」と思っている参加者は買わないものだ。買う気はなく、戻って欲しいという願望をもって待っているだけの連中がどういう行動をするかを考えるとわかるだろう。当然、待っている水準まで戻らなかったときには、我れ先にと売ることになる。そうした参加者たちの思惑が現れるから、相場というものは、願っている水準のギリギリまで戻りはするものの、やがて崩れていくものなのである。

自分に合った取引スタイルを身に付けよう

The misfortune of others is taste of honey

収益目標は現実的に考える

収益目標を立てるということも、マネー・マネジメントの重要な要素になってくる。

FXは、FX会社に預けてある証拠金を用いて収益を生み出すが、たとえば100万円の証拠金で毎月50万円の収益を生み出すことができたとしたら、年利回りは何と600％にも達する。銀行の預金金利が1年物の定期預金で年0・03％程度であることを考えると、100万円の証拠金で月50万円の収益を上げるということが、いかに現実離れしたものであるかということが、わかるだろう。

もちろん、理論的には、１００万円を短期間で1億円にすることはできる。しかし、実際にそれができる人は、限りなく０％に近いだろう。

誰でも、少しでも多くのリターンを得たいと願う。それは、投資をしている以上、当たり前のことだ。ただ、あまりにも過大な収益目標は、結果的に自滅につながる。人生においては、「目標は高くもつことが大事」というが、それはリスクを取った資産運用には、必ずしも当てはまらない。過大な収益目標は、過大なリスクテイクを招き、結果としてリズムを崩し、うまくいかないことになるからだ。

仮に当初証拠金として１００万円を預けたとしよう。1カ月間のトレード日数は、20日だとする。そして、１日のうちに3回、ポジションをとったとすると、１カ月間で合計60回のトレードを行なうことになる。

勝率が6割だったら、60回のトレード回数の勝敗は36勝24敗。勝ちと負けの値幅が同じだとしたら、毎月証拠金１００万円の10％である10万円を稼ごうと思えば、36勝－24敗＝12勝分で10万円の利益が上げられればよいという計算になる。

ということは、1勝分の収益は８３３３円だ。もし、3万通貨の建て玉でこの収益を得ようとしたら、その際の収益幅は、3万通貨×1勝分の収益＝８３３３円なので、1勝分の収益＝８３３３円÷３万通貨で、約28銭になる。この数字は個人投資家にとっても現実的なものだろう。つまり、1回のトレードで何万円もの大きな収益を狙わなくても、毎月10万円の収益を稼ぐことが可能ということになる。

毎月10万円の収益でも、1年間コンスタントに積み重ねていくことができたら、年間の収益は120万円。これを100万円の証拠金で実現できたら、年利回りは120％にもなる。これでも十分なリターンだ。

前述したように、レバレッジ25倍というのは、非常に過大なリスクテイクだ。世間では、レバレッジ規制が行なわれたことによって、リターンが狙いにくくなった、あるいはトレードがしにくくなったといった批判もあるように聞いているが、かつてのように、100倍を超えるレバレッジでトレードを繰り返すということ自体が、すでにギャンブルなのだ。FXを資産形成に活用しようと考えているのであれば、過大な収益目標と過大なレバレッジは避けるべきだと考えている。

その点、いまシミュレーションに使った、1回当たりの建て玉3万通貨というのは、100万円の証拠金に対して、たとえば現在のドル／円レートであればレバレッジは3倍以下である。「きちんとしたトレードを繰り返して、トータルで勝つ」というスタンスであれば、過大なレバレッジをかけなくとも大丈夫だということがわかるだろう。

「負けてもいい幅」はトレードスタイルによる

ちなみに、36勝24敗で損益がプラスマイナスゼロになるポイント、つまり損益分岐点はどこなのかということを考えてみよう。1回の勝ちで得られる収益が約35銭だとすると、次のような計算が成り立つ。

36回×35銭＝12円60銭

つまり、35銭の利益を36回積み重ねると、12円60銭の利益が得られることになる。そして、24回のトレードに失敗して、利益と同額の損失を被ったということになると、

12円60銭÷24回＝52・5銭

すなわち1回の負けで平均52・5銭の損失を超えてしまうと、月間収益がマイナス

になってしまう。そこから計算すると、1回のトレードでの損切り額は52・5銭が目安、という数字をはじき出すことができる。最悪でも、勝ちによって得た収益に対して1・5倍の水準で損切りをしないと、月間収益で利益を上げることができなくなるということだ。

ちなみに、よく損小利大、すなわち損失幅は小さく、利益は伸ばして大きくすることが大切といわれるが、それはトレードスタイルによる。

とにかく小さくても利食いを優先すれば勝率は上がるのに対し、利を大きくしようと待っていれば、損切りで終わらざるを得ない場面も増えるから、勝率は下がる。

一般的には、勝率が高ければ損大利小でもトータルでは勝てるし、勝率が低くても損小利大ならばトータルでは勝てる。

大切なのは、多くのトレードを繰り返すなかで、トータルで利益を残すということであり、そのやり方については人それぞれに性格や考え方、得意な方法も異なるだろう。

結局、大切なのは己を知ることである。

ポジションをとってから、利食いで終われば勝ち、損切りで終われば負けとカウントするものとすると、ディーラーのなかにも7勝3敗、6勝4敗、5勝5敗、場合によっては4勝6敗など、さまざまなスタイルの者がいる。

「自分は何勝何敗のディーラーなのか」を知っている者は、そこから逆算して、利食いと損切りの基準を自分なりのスタイルにしていくことができる。

私の経験からいうと、常に6割の勝率を維持できる人というのは、かなり優秀な部類に属している。7勝3敗ともなれば、もう神の領域で、8勝2敗などというディーラーはほとんどお目にかかったことがない。

個人投資家のトレードとディーラーのトレードでは、与えられた条件や求められるものなどが異なるので、まったく同じように当てはめることはできないが、己を知るという観点からすると、基本的には謙虚に構えておいたほうがよいだろう。

そうやって、自分を厳しく律しつつ、損切りを考えていくことが自分の身を守ることにもつながっていく。

利を伸ばすより損を小さくするほうが簡単

「勝率が3割でも勝てる」と豪語する人に、時々お目にかかることがある。確かに、理屈のうえでは、3割でも収益を上げることは可能だ。その方法は簡単で、要は勝ちの額を大きくし、損失を最小限に抑えればよい。

これを「損小利大」などという。

しかし、この世に数多《あまた》いるディーラーのなかで、現実に損小利大をきちっと実現させている人は、ほとんどいないはずだ。理屈のうえではわかっていても、なかなか実行に移すことができない。為替のトレードはあくまでも実践なので、理屈の話をいくら説いてもはじまらない。断言するが、損小利大を実現させるのは、極めて困難である。

なぜなら、その先の相場がどうなるのかということは、誰にもわからないからだ。1ドル＝84円で米ドルを買った。いまのレートは85円50銭。さらに米ドルは上がると考えられる。そのままもち続ける。改めてレートをチェックしたところ、85円45銭になっている。ちょっとドルが売られた。それでも、まだ最初のもち値から見れば、十分に利益が確保されているし、いずれ米ドルは反転上昇するだろう。そして、再びレートをチェックすると、84円ちょうどまで売られている。

結局、自分はもっと米ドルが上がるだろうと思って、利益が最大限になるまでポジションを引っ張ろうとしたのに、途中で反落し、結果的には「行って来い」、つまり最初の持ち値まで戻ってきてしまい、利益を確保できなかった。こういうことを繰り返すと、精神的につらくなってくる。

結局のところ、相場の先行きがどうなるのかなどということは、神様でもわからないから、利益を最大限に伸ばすというのはむずかしいことなのである。

一方、損失を最小限に抑えるのは簡単だ。ポジションを切れば済む話だからだ。損失を最小限に抑えるための損切りは、あくまでも自分自身の決断で行なうことができるので、とにかく機械的にポジションを切れば済む。

だとすれば、トレードにおいては、まずは損切りを徹底し、それをマネー・マネジメントとして身に付けていくことが大切なのである。

巻末データ（過去1年間のデイトレの戦績）

「星取り表」の見方

●「本日の参入レベル」はＪＦＸの取引プラットフォームである「マトリックストレーダー」で毎日リアルタイムで公表されています。チェックする方法は、「マトリックストレーダー」を起動↓「情報」↓「小林芳彦のマーケットナビ」↓「本日の参入レベル」です。

●「本日の参入レベル」がその日の相場に対してどうだったかを集計した「日々実績データ」＝「星取り表」もすべて公開しています。実績値を計るルールは以下のとおりです。

①「本日の参入レベル」が「マーケット速報」にアップされてから、ＮＹの午前8時（冬時間なら東京の午後10時、夏時間なら東京の午後9時）までの時間帯で、参入レベルが付いたら「IF Done OCO」の発想で、利食いと損切りを考えるものとします。参入レベル以外でポジションをとる場合、または売り買いを中止する場合、参入レベルを変更する場合など、すべて「マーケット速報」に書き込んでいくものとします。午後6時までに付かなかったオーダーは基本的

にキャンセルすることとします。

②夜までに、利食いも損切りも付かない場合には、ポジションが買いの場合にはビッドレート、ポジションが売りの場合にはオファーレートで反対売買し、ポジションをスクエアにするものとします。

③ユーロドルの収益は、午後10時のドル円レートでドルピップスを円ピップスに変換して表示するものとします（その他の通貨の収益は、もともと円で表示されています）。

④実績値を調べる通貨ペアは以下の5つとします。

ドル／円　ユーロ／ドル　ユーロ／円　ポンド／円　豪ドル／円

⑤参入ポイントに達しなくてポジションをつくれなかった場合でも、方向感が合っていた場合には「○」、ポジションができずにに方向感も間違っていた場合には「●」を表示します。参入できず、利食いも損切りも付かない場合や「○」「●」の判定が付きにくい場合には「△」を表示します。売買方針またはレンジは示したものの、相場観が指値をするほどはっきりしたものではなかったため「指値をせずに様子見」としたような場合には「－」と表示し、○●△の表示はしません。

⑥欄が各通貨について2つあるのは、推奨ポイントが2つある場合があるためです。売買方針の2つともが出来た場合には、両方に数字が入っています。

⑦収益の表示単位は「円」。たとえば、「2・68」という場合は2円68銭を意味しています。実際に1万通貨単位で取引を行なえば、2万6800円（10000×2・68円＝26800円）の収益となったことを表しています。

2012年1月

（単位：円）

	ドル円		ユーロドル		ユーロ円		ポンド円		豪ドル円		日合計
1月1日											0
1月2日	○		○		○		○		○		0
1月3日	○		-0.170		-0.016		●		0.062		-0.124
1月4日	○		0.103		-0.092		△		-0.034		-0.023
1月5日	●		0.110	0.126	0.032		○		○		0.268
1月6日	○		○		○		○		○		0
1月7日											0
1月8日											0
1月9日	○		●		0.024		0.038		△		0.062
1月10日	○		0.214		○		○		-0.295		-0.081
1月11日	△		○		0.043		○		-		0.043
1月12日	○		0.145	-0.676	●		○		△		-0.531
1月13日	△		0.152		-		○		0.032		0.184
1月14日											0
1月15日											0
1月16日	○		○		-0.016		○		△		-0.016
1月17日	○		-0.036		0.042		○		○		0.006
1月18日	○		△		○		△		△		0.000
1月19日	△		○		○		○		0.032		0.032
1月20日	○		0.115		○		○		○		0.115
1月21日											0
1月22日											0
1月23日	○		-0.093		-0.203		△		○		-0.296
1月24日	●		0.018		0.096		○		○		0.114
1月25日	○		0.041		-		0.001		0.086		0.128
1月26日	△		○		○		○		○		0
1月27日	○		0.008		△		○		○		0.008
1月28日											0
1月29日											0
1月30日	○		0.042		○		0.034		○		0.076
1月31日	○		-0.079		0.099		0.010		-0.002		0.028
Total	0.000	0.000	0.570	-0.550	0.009	0.000	0.083	0.000	-0.119	0.000	-0.007
収益		0.000		0.020		0.009		0.083		-0.119	

総合計	**-0.007**

2011年12月

（単位：円）

	ドル円		ユーロドル		ユーロ円		ポンド円		豪ドル円		日合計
12月1日	○		0.036		○		○		-0.170		-0.134
12月2日	-0.001		○		○		○		○		-0.001
12月3日											0
12月4日											0
12月5日	△		-		○		○		○		0
12月6日	○		○		○		○		○		0
12月7日	○		0.012		○		●		○		0.012
12月8日	-0.005		0.062		●		●		0.051		0.108
12月9日	○		-0.036		○		○		○		-0.036
12月10日											0
12月11日											0
12月12日	-0.053		○		○		○		●		-0.053
12月13日	△		-0.139		○		○		○		-0.139
12月14日	○		0.163		○		○		○		0.163
12月15日	△		0.142		○		○		△		0.142
12月16日	○		-0.077		○		○		○		-0.077
12月17日											0
12月18日											0
12月19日	0.031		-0.533		○		△		○		-0.502
12月20日	○		0.032		●		●		0.048		0.080
12月21日	△		-		○		○		○		0
12月22日	○		0.000		○		○		○		0.000
12月23日	△		○		△		●		△		0
12月24日											0
12月25日											0
12月26日	△		-		-		-		-		0
12月27日	○		0.027		0.031	,	0.083		△		0.141
12月28日	○		○		○		●		○		0
12月29日	0.015		0.237	0.092	○		○		○		0.344
12月30日	0.034		○		○		○		○		0.034
12月31日											0
Total	0.021	0.000	-0.074	0.092	0.031	0.000	0.083	0.000	-0.071	0.000	0.082
収益		0.021		0.018		0.031		0.083		-0.071	

総合計	**0.082**

2011年11月

（単位：円）

	ドル円		ユーロドル		ユーロ円		ポンド円		豪ドル円		日合計
11月1日	-0.976		○		0.118		○		0.171		-0.687
11月2日	△		0.118		△		○		○		0.118
11月3日	0.010		-0.100		0.070		●		-0.159		-0.179
11月4日	○		○		△		○		△		0
11月5日											0
11月6日											0
11月7日	△		0.154		●		0.156		0.009		0.319
11月8日	○		●		○		○		0.009		0.009
11月9日	○		0.154		0.041		●		0.054		0.249
11月10日	○		0.064		0.261		0.004		○		0.329
11月11日	○		0.187		△		○		△		0.187
11月12日											0
11月13日											0
11月14日	○		●		0.024		●		0.043		0.067
11月15日	0.210		-0.232				-0.567		-0.424		-1.013
11月16日	△		0.166		○		△		○		0.166
11月17日	△		-0.346		-0.080		-0.118		○		-0.544
11月18日	○		-0.038		-0.407		△		△		-0.445
11月19日											0
11月20日											0
11月21日	○		●		0.091		△		○		0.091
11月22日	-0.047		-0.136		0.001		-0.433		0.139		-0.476
11月23日	●		-0.405		○		○		○		-0.405
11月24日	○		0.108		○		○		△		0.108
11月25日	-0.040		0.113		-0.002		0.157		●		0.228
11月26日											0
11月27日											0
11月28日	○		-0.014		0.114		0.089				0.189
11月29日	0.026		-0.034		○		○		0.055		0.047
11月30日	●		0.144		○		○		-0.075		0.069
											0
Total	-0.817	0.000	-0.097	0.000	0.231	0.000	-0.712	0.000	-0.178	0.000	-1.573
収益		-0.817		-0.097		0.231		-0.712		-0.178	

総合計	**-1.573**

2011年10月

（単位：円）

	ドル円		ユーロドル		ユーロ円		ポンド円		豪ドル円		日合計
10月1日											0
10月2日											0
10月3日	●		○		-0.105		-0.365		○		-0.470
10月4日	△		0.101		0.287		○		○		0.388
10月5日	○		-0.027		○		○		○		-0.027
10月6日	△		0.106		●		-0.093		○		0.013
10月7日	○		0.136		○		●		○		0.136
10月8日											0
10月9日											0
10月10日	○		-0.518		-0.407		-0.317		-0.161		-1.403
10月11日	0.010		-0.263		△		-0.316		●		-0.569
10月12日	○		0.336		0.293		0.018		0.039		0.686
10月13日	○		-0.234		○		○		-0.210		-0.444
10月14日	●		0.307		0.204		0.049		0.131		0.691
10月15日											0
10月16日											0
10月17日	△		0.145		-0.176		0.032		●		0.001
10月18日	△		0.158		○		-0.024		△		0.134
10月19日	△		-0.864		-0.307		-0.342		-0.034		-1.547
10月20日	○		-0.032		0.103		○		○		0.071
10月21日	○		0.040		○		△		△		0.040
10月22日											0
10月23日											0
10月24日	△		○		0.000		△		○		0.000
10月25日	0.095		0.070		○		-0.021		△		0.144
10月26日	0.068		○		0.098		0.067		0.022		0.255
10月27日	△		●		○		○		○		0
10月28日	△		△		△		△		△		0
10月29日											0
10月30日											0
10月31日	1.989		○		2.180		2.146		1.931		8.246
Total	2.162	0.000	-0.539	0.000	2.170	0.000	0.834	0.000	1.718	0.000	6.345
収益		2.162		-0.539		2.170		0.834		1.718	

総合計	**6.345**

2011年9月

（単位：円）

	ドル円		ユーロドル		ユーロ円		ポンド円		豪ドル円		日合計
9月1日	0.121		○		0.064		0.141	0.056	○		0.382
9月2日		0.005		0.283	0.104	0.055	0.034		●		0.481
9月3日											0
9月4日											0
9月5日	0.061	-0.123	0.150			-0.117	○		○		-0.029
9月6日	●		-0.055	1.038	●		-0.018		●		0.965
9月7日	△		-0.012	-0.587	○		△		-0.023		-0.622
9月8日	○			0.112	0.089		0.114		-0.222		0.093
9月9日	○		0.268		○		○		●		0.268
9月10日											0
9月11日											0
9月12日	○		0.885		○		○		○		0.885
9月13日	○		-0.251			-0.215		0.012	○		-0.454
9月14日	○	-0.083	0.610	0.048	○		○	0.053	0.484		1.112
9月15日	●		0.245	0.068	0.065	0.064		-0.268	●		0.174
9月16日	○		○		-0.235		○		○		-0.235
9月17日											0
9月18日											0
9月19日	○		0.113		○		○		○		0.113
9月20日	0.126		0.254		△		△		0.115		0.495
9月21日	△		-0.100		0.030		○		○		-0.070
9月22日	-0.167		○		0.108		○		○		-0.059
9月23日	●		0.106		○		●		○		0.106
9月24日											0
9月25日											0
9月26日	○		0.292		0.115		0.105		●		0.512
9月27日	○		-0.120		0.075		○		0.192		0.147
9月28日	○		0.096		△		○		○		0.096
9月29日	△		-0.331		-0.222		-0.039		0.021		-0.571
9月30日	-0.085		-0.149		-0.484		-0.003		●		-0.721
											0
Total	0.056	-0.201	2.001	0.962	-0.291	-0.213	0.334	-0.147	0.567	0.000	3.068
収益		-0.145		2.963		-0.504		0.187		0.567	

総合計	**3.068**

2011年8月

（単位：円）

	ドル円		ユーロドル		ユーロ円		ポンド円		豪ドル円		日合計
8月1日	0.217		○		-1.000	0.111	-0.700	-0.500	-0.134	0.116	-1.890
8月2日	○		○		0.155		△		0.067		0.222
8月3日	0.097		●		-0.303	0.082	○		-		-0.124
8月4日	-0.033		0.014		△		△		△		-0.019
8月5日	0.204	0.798	●		○		1.250		○		2.252
8月6日											0
8月7日											0
8月8日	△		○		0.123	0.086	●		-		0.209
8月9日	0.023		●		0.054	-0.385	○		○		-0.308
8月10日	-0.112		●		0.217		●		0.171		0.276
8月11日	-0.279	0.122	-0.238	-0.123	△		●		●		-0.518
8月12日	○		○		-0.062	0.113	○		○		0.051
8月13日											0
8月14日											0
8月15日	○		○		○		○		○		0
8月16日	△		○		○		△		○		0
8月17日	○		0.028		●		○		0.158		0.186
8月18日	○		0.046	0.582	○		○		○		0.628
8月19日	△		○		△		△		●		0
8月20日											0
8月21日											0
8月22日	△		○		0.220		○		○		0.220
8月23日	0.012		-0.011	0.103	○		○		○		0.104
8月24日	0.039		○		0.127		○		0.004	0.154	0.324
8月25日	0.124		○		○		0.254		0.016	0.166	0.560
8月26日	○		0.067		○		○		○		0.067
8月27日											0
8月28日											0
8月29日	△		0.132		-0.037	-0.033	●		○		0.062
8月30日	○		0.057		-0.145	0.005	-0.054		-0.086		-0.223
8月31日	○		0.072		-0.196	0.060	●		0.085		0.021
Total	0.292	0.920	0.167	0.562	-0.847	0.039	0.750	-0.500	0.281	0.436	2.100
収益		1.212		0.729		-0.808		0.250		0.717	

総合計	**2.100**

2011年7月

（単位：円）

	ドル円		ユーロドル		ユーロ円		ポンド円		豪ドル円		日合計
7月1日	○		0.022		0.012		○		0.059		0.093
7月2日											0
7月3日											0
7月4日	○		0.050		-0.053	0.067	△		-0.014	0.136	0.186
7月5日	-0.056		0.191		0.133		0.121	-0.357	△		0.032
7月6日	-0.021	0.049	0.029		○		○		0.054		0.111
7月7日	●		0.224		0.220		●		-0.095	-0.015	0.334
7月8日	△		○		○		○		○		0
7月9日											0
7月10日											0
7月11日	0.017		○		○		○		○		0.017
7月12日	○		○		○		○		○		0.000
7月13日	○		0.121	0.280	0.051	0.251	-0.115	0.085	0.253	0.403	1.329
7月14日	0.267	0.417	0.048	0.206	0.467		0.512		○		1.917
7月15日	△		0.053	0.211	○		●		-0.062	0.088	0.290
7月16日											0
7月17日											0
7月18日	△		○		○		○		○		0
7月19日	△		0.114		0.106		0.047		0.141		0.408
7月20日	●		○		0.123		-0.038	0.117	●		0.202
7月21日	○		0.038		○		○		○		0.038
7月22日	0.073		○		△		△		●		0.073
7月23日											0
7月24日											0
7月25日	○		0.224		0.010	0.210	-0.033		-0.070		0.341
7月26日	0.293	0.421	○		-0.582	-0.472	0.117	0.365	0.032	0.242	0.416
7月27日	○		0.035		-0.133		-0.100		○		-0.198
7月28日	○		0.070		○		○		△		0.070
7月29日	○		○		○		○		-0.248	-0.046	-0.294
7月30日											0
7月31日											0
Total	0.573	0.887	1.219	0.697	0.354	0.056	0.511	0.210	0.050	0.808	5.365
収益		1.460		1.916		0.410		0.721		0.858	

総合計	**5.365**

2011年6月

（単位：円）

	ドル円		ユーロドル		ユーロ円		ポンド円		豪ドル円		日合計
6月1日	●		○		○		0.015		△		0.015
6月2日	0.074		○		0.030		△		○		0.104
6月3日	○		0.214		0.058		○		●		0.272
6月4日											0
6月5日											0
6月6日	○		●		0.024		○		△		0.024
6月7日	0.059		-0.048	0.072	0.073	-0.065	-0.069		0.332		0.354
6月8日	0.450		-0.036	0.196	-0.453	-0.253	-0.552	-0.402	-0.097	0.103	-1.044
6月9日	0.146		0.007	-0.041	0.018	0.268	0.185	0.385	0.767		1.735
6月10日	-0.114	-0.014	○		○		○		-0.143	0.057	-0.214
6月11日											0
6月12日											0
6月13日	○		0.166		0.003	0.193	0.160		0.127	0.237	0.886
6月14日	0.133		0.455		○		-0.171		-0.157	0.043	0.303
6月15日	○		-0.002	0.040	-0.079	0.071	●		0.177		0.207
6月16日	△		○		○		0.128		○		0.128
6月17日	○		-0.006	0.115	0.299		○		○		0.408
6月18日											0
6月19日											0
6月20日	○		-0.074	0.127	○		○		○		0.053
6月21日	△		-0.067	0.133	0.079	0.229	0.228		○		0.602
6月22日	○		0.132		0.113		●		0.082		0.327
6月23日	○		○		0.284		○		○		0.284
6月24日	0.052		0.132	0.108	○		○		○		0.292
6月25日											0
6月26日											0
6月27日	○		-0.383	-0.270	0.103		0.273	0.082	△		-0.195
6月28日	○		0.126		0.034		●		●		0.160
6月29日	△		0.100		0.162		○		○		0.262
6月30日	-0.368	-0.268	○		○		○		○		-0.636
											0
Total	0.432	-0.282	0.716	0.480	0.748	0.443	0.197	0.065	1.088	0.440	4.327
収益		0.150		1.196		1.191		0.262		1.528	

総合計	**4.327**

2011年5月

（単位:円）

	ドル円		ユーロドル		ユーロ円		ポンド円		豪ドル円		日合計
5月1日											0
5月2日	-0.258	-0.158	0.144		0.199		○		●		-0.073
5月3日	○		0.148	-0.029	0.176		○		○		0.295
5月4日	○		0.033	0.052	0.059	0.140	○		○		0.284
5月5日	●		●		0.062	0.070	●		-0.094	0.056	0.094
5月6日	△		0.025	0.088	●		○		○		0.113
5月7日											0
5月8日											0
5月9日	○		-0.073	0.047	0.031		○		○		0.005
5月10日	0.026		0.129		0.076	0.057	△		●		0.288
5月11日	○		●		0.053		0.018	0.072	●		0.143
5月12日	△		○		0.074	0.041	●		-0.245	-0.045	-0.175
5月13日	○		0.056		○		○		○		0.056
5月14日											0
5月15日											0
5月16日	0.006		0.021		0.005		0.067		○		0.099
5月17日	○		○		○		○		○		0.000
5月18日	-0.095	0.005	○		0.225		●		0.219		0.354
5月19日	○		0.042	0.301	○		○		○		0.343
5月20日	0.074		●		●		○		○		0.074
5月21日											0
5月22日											0
5月23日	-0.065	0.035	○		○		0.132		○		0.102
5月24日	△		0.093		0.148		0.126		△		0.367
5月25日	-0.008		△		-0.133		●		○		-0.141
5月26日	○		○		○		0.082		△		0.082
5月27日	○		0.125	-0.244	-0.257	-0.007	△		0.049		-0.334
5月28日											0
5月29日											0
5月30日	△		0.207		○		△		△		0.207
5月31日	-0.145	0.005	○		○		○		○		-0.140
Total	-0.465	-0.113	0.950	0.215	0.718	0.301	0.425	0.072	-0.071	0.011	2.043
収益		-0.578		1.165		1.019		0.497		-0.060	

総合計	**2.043**

2011年4月

（単位:円）

	ドル円		ユーロドル		ユーロ円		ポンド円		豪ドル円		日合計
4月1日	○		○		○		○		○		0
4月2日											0
4月3日											0
4月4日	△		○		△		△		△		0
4月5日	○		0.089		●		○		○		0.089
4月6日	-0.257	0.294	○		○		-0.066	0.234	○		0.205
4月7日	○		○		○		○		●		0.000
4月8日	○		○		0.432		○		○		0.432
4月9日											0
4月10日											0
4月11日	-0.100	-0.029	0.191		-0.069	0.131	0.080		0.172		0.376
4月12日	0.102		●		○		○		○		0.102
4月13日	0.138		○		0.042	0.142	0.063	0.213	0.118		0.716
4月14日	0.028		○		0.069	0.184	○		○		0.281
4月15日	○		○		0.127	0.088	○		○		0.215
4月16日											0
4月17日											0
4月18日	○		0.074		0.063	0.074	○		○		0.211
4月19日	○		●		0.129		△		△		0.129
4月20日	○		0.053		0.007	0.157	0.055		-0.085	-0.116	0.071
4月21日	○		○		-0.147	-0.003	○		●		-0.150
4月22日	△		△		0.053	0.031	△		△		0.084
4月23日											0
4月24日											0
4月25日	○		0.002	0.126	○		○		0.022		0.150
4月26日	0.062		0.011		0.113	0.059	○		●		0.245
4月27日	-0.041	0.109	○		0.175		●		○		0.243
4月28日	○		△		●		0.040		0.047		0.087
4月29日	○		○		○		○		0.128		0.128
4月30日											0
											0
Total	-0.068	0.374	0.420	0.126	0.994	0.863	0.172	0.447	0.402	-0.116	3.614
収益		0.306		0.546		1.857		0.619		0.286	

総合計	**3.614**

2011年3月

（単位：円）

	ドル円		ユーロドル		ユーロ円		ポンド円		豪ドル円		日合計
3月1日	△		○		○		○		●		0
3月2日	△		●		○		△		0.030	0.130	0.160
3月3日	●		0.050		○		○		○		0.050
3月4日	○		○		○		0.070		○		0.070
3月5日											0
3月6日											0
3月7日	○		0.075		0.515		0.103	-0.062	-0.075	0.025	0.581
3月8日	0.029		0.062	0.203	-0.003		0.057		△		0.348
3月9日	△		0.172	0.097	0.053		○		△		0.322
3月10日	○		-0.061	0.168	0.044		●		-0.268	-0.133	-0.250
3月11日	0.220		-0.187		●		○		○		0.033
3月12日											0
3月13日											0
3月14日	△		△		△		○		△		0
3月15日	○		●		●		●		○		0
3月16日	0.041		0.146		0.071		0.065		●		0.323
3月17日	0.738	0.309	●		○		○		○		1.047
3月18日	0.724		-0.272	-0.068	○		●		○		0.384
3月19日											0
3月20日											0
3月21日	0.108		○		0.077		0.231		-0.072	0.128	0.472
3月22日	△		○		0.039		0.053		-0.212	0.012	-0.108
3月23日	0.111		○		0.174		0.187		△		0.472
3月24日	0.057		●		●		△		○		0.057
3月25日	△		●		●		○		○		0
3月26日											0
3月27日											0
3月28日	○		○		○		○		○		0
3月29日	0.075		●		0.022	0.019	0.017	-0.133	-0.038		-0.038
3月30日	-0.037		○		0.171		●		○		0.134
3月31日	-0.066	0.134	○		-0.198	-0.048	0.130		0.217		0.169
Total	2.000	0.443	-0.015	0.400	0.965	-0.029	0.913	-0.195	-0.418	0.162	4.226
収益		2.443		0.385		0.936		0.718		-0.256	

総合計	**4.226**

2011年2月

（単位：円）

	ドル円		ユーロドル		ユーロ円		ポンド円		豪ドル円		日合計
2月1日	○		○		0.100	0.120	0.210		●		0.430
2月2日	○		0.060		○		○		△		0.060
2月3日	○		○		●		○		○		0
2月4日	○		○		○		●		○		0
2月5日											0
2月6日											0
2月7日	△		-0.030		○		○		○		-0.030
2月8日	-0.070	0.060	0.080	0.220	○		●		0.020		0.310
2月9日											0
2月10日	○		●		○		○		△		0
2月11日	○		0.250		0.060		●		○		0.310
2月12日											0
2月13日											0
2月14日	○		0.040		○		0.030		0.170		0.240
2月15日	-0.070	0.080	0.180	0.120	○		○		○		0.310
2月16日	0.070		0.160		○		△		△		0.230
2月17日	△		○		△		○		○		0
2月18日	△		0.100		0.050		0.050		△		0.200
2月19日											0
2月20日											0
2月21日	△		△		0.000	0.120	0.050		●		0.170
2月22日	0.060		●		●		0.000		○		0.060
2月23日	-0.020	0.000	○		0.050	0.080	0.030	-0.010	●		0.130
2月24日	○		0.100		△		0.090		○		0.190
2月25日	●		●		0.170		0.200		○		0.370
2月26日											0
2月27日											0
2月28日	△		0.020	-0.140	0.020	-0.110	0.000	0.150	-0.060		-0.120
											0
											0
											0
Total	-0.030	0.140	0.960	0.200	0.450	0.210	0.660	0.140	0.130	0.000	2.860
収益		0.110		1.160		0.660		0.800		0.130	

総合計	**2.860**

小林芳彦（こばやし　よしひこ）
1979年慶応義塾大学商学部卒業後、協和銀行入行。1987年から本店資金為替部調査役。1989年10月よりクレディスイス（資金為替部長）、1997年クレディスイス・ファーストボストン（シニアセールス）、1998年バイエリッシェ・ヒポ・フェラインス（為替資金部長）、2001年バンク・オブ・アメリカ（為替資金部営業部長）で要職を歴任。『ユーロマネー誌（日本語版）』顧客投票「日本のディーラー・ベストセールス部門」で6年連続第1位、「短期為替予測部門」で5年連続第1位を受賞。現在はJFX株式会社代表取締役。

No.1為替《かわせ》ディーラーが伝授《でんじゅ》する
インターバンク流《りゅう》　FX《エフエックス》デイトレ教本《きょうほん》

2012年3月10日　初版発行
2019年6月10日　第13刷発行

著　者　小林芳彦
発行者　吉田啓二

発行所　株式会社日本実業出版社　東京都新宿区市谷本村町3-29　〒162-0845
大阪市北区西天満6-8-1　〒530-0047
編集部　☎03-3268-5651
営業部　☎03-3268-5161　振　替　00170-1-25349
https://www.njg.co.jp/

印刷／厚徳社　製本／共栄社

この本の内容についてのお問合せは、書面かFAX（03-3268-0832）にてお願い致します。
落丁・乱丁本は、送料小社負担にて、お取り替え致します。

ISBN 978-4-534-04872-1　Printed in JAPAN